LE

BOMBARDEMENT D'ALGER EN 1683

D'APRÈS UNE RELATION INÉDITE

PAR

M. CH. DE LA RONCIÈRE

CONSERVATEUR DU DÉPARTEMENT DES IMPRIMÉS, CARTES ET PLANS
DE LA BIBLIOTHÈQUE NATIONALE

(Extrait du *Bulletin de la Section de Géographie*, 1916.)

PARIS

IMPRIMERIE NATIONALE

MDCCCCXVI

LE
BOMBARDEMENT D'ALGER EN 1683

D'APRÈS UNE RELATION INÉDITE

LE

BOMBARDEMENT D'ALGER EN 1683

D'APRÈS UNE RELATION INÉDITE

PAR

M. CH. DE LA RONCIÈRE

CONSERVATEUR DU DÉPARTEMENT DES IMPRIMÉS, CARTES ET PLANS
DE LA BIBLIOTHÈQUE NATIONALE

(Extrait du *Bulletin de la Section de Géographie*, 1916.)

PARIS

IMPRIMERIE NATIONALE

—

MDCCCCXVI

LE

BOMBARDEMENT D'ALGER EN 1683

D'APRÈS UNE RELATION INÉDITE.

Au cours de laborieuses recherches sur le consul Jean Le Vacher, M. l'abbé Lucien Misermont avait la bonne fortune de découvrir et d'acheter à Rome une relation manuscrite du second bombardement d'Alger par Du Quesne. Écrite en italien, elle émanait d'un témoin oculaire, officier ou volontaire de notre flotte, d'où il avait observé, dans leurs moindres détails, les opérations de la campagne. Quel était-il ? Un gentilhomme, vraisemblablement, dont le blason — trois croissants d'argent sur fond d'azur — figure sur un tableau placé en appendice des 36 pages du manuscrit. Le tableau, daté de 1683 et peint sur toile par un nommé Jourdan, représente le bombardement d'Alger; notre flotte y est déployée en ordre de bataille et chaque vaisseau désigné nommément.

C'est ce manuscrit, entièrement inédit, que nous allons publier ici, avec l'assentiment de M. Misermont. Apparenté aux relations officielles de la *Gazette de France* et du *Mercure galant*, il offre l'avantage de préciser le drame affreux qui coûta la vie au consul de France, de noter au jour le jour les péripéties du siège et de nous dévoiler le secret des bombes gigantesques qu'on voulait employer contre Alger.

Mais il ne me semble point superflu d'exposer d'abord le récit du bombardement exécuté l'année précédente par le même Du Quesne.

Premier bombardement d'Alger.

Tout vains de l'humiliant traité qu'ils avaient imposé à la Hollande[1] et auquel ils allaient contraindre les Anglais[2], assurés d'un tribut annuel en agrès et en munitions, les Algériens eurent l'audace de déclarer la guerre à la France, «dans un temps où toutes les puissances de l'Europe lui étaient soumises»[3]. Prenant texte de la détention de quelques-uns des leurs sur nos galères, divan, raïs et janissaires en assemblée plénière acclamèrent, le 18 octobre 1681, la rupture de la paix[4]. Un mois plus tard, leurs raïs, par des courses sans relâche, nous avaient déjà pris vingt-neuf bâtiments et trois cents hommes[5]. «Il n'y a que le commerce qui me fasse peine en cela», écrivait Colbert[6]. L'honneur du roi ne pouvait que gagner à une punition exemplaire.

Aussi quelle nervosité dans l'ordre de rappel «à exécuter sans réplique» expédié à Du Quesne[7]! Quelles impatiences contre Tourville qui doit le devancer contre Alger : «Vous commencez fort mal les fonctions d'un principal officier... La résolution que vous avez prise de demeurer quinze jours de plus à Toulon pour attendre le vaisseau le *Vigilant* n'a pas plu à Sa Majesté. Il faut suivre à l'advenir les ordres que vous recevrez sans vous donner la permission de les interpréter.» Et comme Tourville retardait encore son

[1] Le 1er mai 1680.

[2] Le 22 avril 1682 (Affaires étrangères, *Mémoires et documents*. Alger, 15, fol. 199). — R. L. Playfair, *The Scourge of Christendom. Annales of British relations with Algiers prior to the French conquest*. London, 1884, p. 140.

[3] Denis Dusault à Baba Hassan, dey d'Alger, 2 février 1683 (Plantet, *Correspondance des deys d'Alger avec la Cour de France*. Paris, 1890, in-8°, t. I, p. 79).

[4] Le P. Le Vacher aux échevins de Marseille. Alger 18 octobre, 6 novembre et 12 décembre 1681 (Paul Masson, *Histoire du commerce français dans le Levant au XVII⁰ siècle*. Paris, 1897, in-8°, p. 228).

[5] L'histoire de la rupture entre la France et Alger, a été fort bien étudiée par M. l'abbé Lucien Misermont, *Le double bombardement d'Alger par Du Quesne et la mort du consul Le Vacher*. Paris, 1905, in-8°, extrait de la *Revue des études historiques*.

[5] A M. de Vauvré, 9 novembre 1681 (Archives nat., *Marine*, B⁴ 9, fol. 193).

[7] Louis XIV à Du Quesne, 13 juin 1682 (A. Jal, *Abraham Du Quesne*, t. II, p. 413).

départ pour «des raisons que personne ne sçauroit comprendre»
Louis XIV parlait de le relever de son commandement[1].

Pourquoi cette hâte? C'est que la fureur du roi ne connaissait
plus de bornes, depuis que l'on avait porté atteinte à son prestige
par la capture d'un bâtiment de la marine royale. Et suprême
outrage, le commandant, le chevalier de Beaujeu, avait été mis à
l'encan et vendu comme esclave par Ali-raïs, capitaine général des
vaisseaux d'Alger[2].

Le châtiment proportionné à l'injure ne comportait rien moins
que l'incendie et la destruction de fond en comble[3] du nid de
vipères. Sous la protection des onze vaisseaux et des brûlots et
frégates d'Abraham Du Quesne, des quinze galères du lieutenant
général de Noailles, l'œuvre incendiaire serait accomplie par des
«machines d'une invention nouvelle» dont on attendait grand effet,
à en juger par les expériences faites en présence de Seignelay[4].
C'étaient les galiotes à bombes.

Elles étaient dues à un jeune Basque auquel l'intendant Colbert
de Terron avait trouvé «de l'esprit et de l'application. Jeté dans les
mathémathiques et tout ce qui pouvait l'instruire dans la marine»,
Bernard Renau d'Éliçagaray, appelé Petit Renau à cause de sa
taille exiguë, dépassant toutes les espérances, «épuisa bientôt ses
maîtres et devint le sien propre. Particulièrement savant dans toutes
les parties de la construction et de la navigation, doux, simple,
modeste et vertueux, fort brave et fort honnête homme»[5], il se vit
confier l'apprentissage de deux jeunes gens auxquels l'avenir de
notre marine semblait réservé, mais que faucha la mort, l'amiral

[1] Colbert à Tourville. 11 février et 9 mars 1682 (DELARBRE, *Tourville et la
marine de son temps*, p. 111).

[2] Le Vacher aux échevins de Marseille, 13 décembre 1681 (*Mélanges historiques, choix de documents*, t. IV, p. 780, dans la Collection des documents
inédits).

[3] Louis XIV à Du Quesne, 24 juin 1682 (Archives nat., *Marine*, B^2 46,
fol. 303).

[4] A Dunkerque (*Mercure galant*. janvier 1682, p. 240). — Dans le porte-
feuille 357 (G. 201), à la Bibliothèque du Ministère de la Marine, se trouvent
de nombreux dessins se rapportant aux galiotes à bombes : «Plan et profil d'un
affut de mortier. Dunkerque, 24 mars 1682; — Description de la bombe
ardente; — Dessein des bombes et des carcasses, par Landouillette», etc. (Cf.
mon article de la *Revue hebdomadaire* du 23 décembre 1916 : *Au siècle de
Louis XIV*, où sont reproduits les dessins des bombes et des carcasses.)

[5] *Mémoires de Saint-Simon*, éd. de Boislisle, t. XIII, p. 28.

de France Louis de Vermandois et le général des galères Louis de Rochechouart-Mortemart[1].

Inventeur, en 1680, d'une machine à tracer les gabarits, qui épargnait les bois de construction et les journées d'ouvriers, Petit Renau fut redevable aux galiotes à bombes de sa renommée universelle[2]; sur des galiotes légères, de 70 pieds sur 24, il avait imaginé d'établir deux mortiers. Les plates-formes en pente qui les supportaient étaient mobiles autour d'un pivot. Le pivot s'enfonçait dans un massif de solives et de terre battue, sommier élastique qui amortissait le recul des pièces. Mises à l'eau en février et avril 1682, les unes à Dunkerque, les autres au Havre, la *Cruelle*, la *Brûlante*, la *Menaçante*, la *Bombarde* et la *Foudroyante* avaient gagné la Méditerranée sous l'escorte du marquis de Preuilly[3]. C'est de leurs bombes incendiaires que l'on escomptait l'effet terrifiant.

Parti le 12 juillet 1682 de Toulon, Abraham Du Quesne était le 23 devant Alger. Il en nettoya préalablement les abords en attaquant et en mettant à mal, sous les murs de Cherchell, deux petits corsaires algériens. Il y perdit une quarantaine de tués et blessés; mais, ce qui fut plus grave, il y perdit du temps.

De la pente d'une montagne que couronnent les remparts de la Kasbah, Alger dévale vers la mer en un amphithéâtre de blanches maisons à terrasses, d'une «veüe fort agréable». Les forts des Anglais, Bab-el-Oued et Bab-Azzoum la protégeaient du côté du large; une île, qu'un môle reliait à la ville, l'ancien Peñon des Espagnols, où s'étageaient les trois batteries de la tour du Fanal, couvrait le port dont une chaîne fermait l'entrée. A l'abri des cent soixante grosses pièces du front de mer, les corsaires algériens, dégréés, se tenaient cois[4].

[1] État des services de Bernard Renau d'Éliçagaray exposés par lui (B. N., Clairambault 887, fol. 62 : *Bulletin du Comité des travaux historiques*, 1888, p. 258). Il était né en 1652 et fut attaché en 1669 à l'amiral Louis de Vermandois.

[2] Sur ses inventions, cf. Archives nat., *Marine*, B² 43, fol. 348, 349, 401; B² 59, fol. 65, 200. — JAL, *Dictionnaire critique*, p. 1048. — *Mémoires de Saint-Simon*, éd. de Boislisle, t. XIII, p. 30, n. 1.

[3] A. JAL a longuement raconté les détails de leur construction et de leur voyage (*Abraham Du Quesne*, t. II, p. 414).

[4] «Relation de M. de Poinctis [POINTIS], dans le *Mercure galant*, octobre (t. II) 1682, p. 133. — Relation de M. CAVART DE VILLERMONT, dans le *Mercure*

Le 5 août, notre flotte décrivait autour des défenses du port un grand arc de cercle, les vaisseaux à la remorque des galères, le *Saint-Esprit* face à la tour du Fanal, quand de grosses lames rompirent notre ordre de bataille. La persistance des vents de Nord-Est empêcha de le reprendre : les galères, n'ayant plus de vivres à la mi-août prirent congé, obligeant ainsi Du Quesne à modifier son plan d'attaque.

Il ne met en ligne que les cinq galiotes à bombes, avec autant de vaisseaux de soutien, qu'il place sous les ordres immédiats du lieutenant général de Tourville et du chef d'escadre de Lhéry. Au moyen de grelins frappés sur des ancres, que des chaloupes avaient portées du côté du môle, les galiotes se halent aux approches de la place, par mer calme et vent endormi, dans la nuit du 20 août. Mais l'officier mineur Nicolas Camelin, «qui d'ailleurs travailloit avec beaucoup de zèle, n'avoit aucune connoissance des choses de la marine » : les touées s'entrecroisaient; les galiotes se choquèrent; les bombes tombaient loin du but; l'une d'elles, ayant fait «faux feu» sur la *Cruelle*, «jetoit ses grenades et du feu gros comme deux hommes» à proximité de quarante autres projectiles incendiaires, que Pointis, Landouillet et Petit Renau eurent peine à protéger. Il fallut différer l'attaque.

Elle reprit le 30 août. Les ancres de touage étant, cette fois, mouillées à petite portée de pistolet de la tour du Fanal, la *Cruelle*, la *Menaçante*, la *Bombarde*, la *Foudroyante* et la *Brûlante*[1] se mettent en ligne: la première, au Sud vers l'entrée du port, la dernière tout au Nord; elles ont en soutien les vaisseaux de Tourville, de Beaulieu, de Lhéry, de Féron et de Belle-Isle-Érard[2], et plus près d'elles, deux barques, dix chaloupes bien armées et une prise que monte le comte de Sébeville avec cent soixante hommes.

Les bombes, cette fois, portèrent presque toutes, — et l'on en

galant, octobre (t. I) 1682. — «Relation de ce qui s'est fait devant Alger par l'armée du roy commandée par le sieur Du Quesne», *Gazette de France*, 1682, p. 667. — A. Jal, t. II, p. 414.

A la fin de sa relation, Bernard de Saint-Jean Pointis, qui commandait la galiote la *Cruelle*, a joint un plan des trois ordres de bataille successifs adoptés pour le bombardement d'Alger (*Mercure galant*, octobre (t. II) 1682, p. 171).

[1] Que commandaient respectivement Bernard de Saint-Jean Pointis, André de Gouëston, de Combes, Armand-Charles des Herbiers et Félix Beaussier.

[2] Capitaines des vaisseaux le *Vigilant*, le *Vaillant*, le *Prudent*, le *Laurier* et l'*Étoile*.

tira cent quatorze, — sans que la furieuse riposte de la canonnade et de la mousquetade ennemies, guidée par les éclairs des mortiers, produisît aucun résultat. On apprit, par des prisonniers évadés, les effroyables effets du bombardement; des centaines de personnes gisaient sous les ruines des maisons et de la grande mosquée[1]. La population, terrifiée, allait implorer la paix, quand Baba-Hassan résolut de tenter une suprême attaque, avec une galère, trois brigantins et des barques longues, contre nos redoutables batteries. Prévenu par un captif Canarien qui s'évada, Dú Quesne renforça de cinquante-deux hommes l'équipage de chaque galiote, où il plaça six canons.

L'attaque se déclencha dans la nuit du 3 au 4 septembre. Au moment où le bombardement recommençait, une vedette de grand' garde signala la sortie de l'escadrille ennemie. A bord de la *Cruelle*, Bernard de Saint-Jean-Pointis attendait en silence, confiant dans la force de son équipage que des détachements du *Vigilant*, de l'*Indien* et du *Cheval-Marin*, conduits par Blénac, Flacourt et La Guiche, avaient porté à cent vingt hommes. Mais un intempestif cri de « Vive le Roy! » donna l'éveil à la galère algérienne qui esquiva l'abordage de la *Cruelle*, mais ne put éviter ses décharges à mitraille. Les Algériens crurent trouver un accueil moins sévère dans l'attaque de la *Menaçante* : mais, du *Vaillant*, le capitaine de Beaulieu, le major de Raimondis et le chevalier de Comminges avaient amené des renforts au brave André de Gouëston : et comme « la galère s'allongeoit desjà sur la galiote pour l'aborder », un canon, pointé par Beaulieu, la couvrit de mitraille, tuant et blessant quantité de gens. « Sans mesme revirer », les Algériens, déconcertés, regagnèrent l'abri du port sous le feu de la *Bombarde*, qui les prit d'enfilade. Déjà, croyant nos galiotes prises, les femmes d'Alger allumaient des feux de joie : les bombes incendiaires, en reprenant leur œuvre, leur ôtèrent toute illusion. Le combat nocturne ne nous avait coûté que quatorze tués et quelques blessés, la plupart à bord de la *Foudroyante*, où un boulet avait brisé un canon et renversé huit hommes.

[1] Le chroniqueur d'Alger avoue que deux cents maisons furent démolies à ce moment-là et que deux bombes éclatèrent, l'une dans la mosquée neuve, l'autre dans la grande mosquée (*Chroniques de la Régence d'Alger, traduites d'un manuscrit arabe intitulé « El-Zohrat-el-Nayerat »*, par Alphonse Rousseau. Alger, 1841, in-4°, p. 133).

Par contre, le consul de France, le Père Le Vacher, nous révéla le lendemain l'étendue du désastre de l'ennemi : une centaine de maisons ruinées, sept cents tués dans les rues[1], le rivage bordé de cadavres, une trentaine de tués à bord de la galère, sans compter «ceux que l'on avoit caché au peuple», bref la consternation et l'épouvante régnaient partout. Le Père Le Vacher venait, en messager, demander la paix. Du Quesne répliqua qu'il n'était point venu négocier la paix, mais châtier des insolents : qu'ils vinssent eux-mêmes à son bord s'humilier, sinon il continuerait. Et le bombardement reprit contre le port où deux navires furent détruits, et toujours sans grande perte pour nous malgré le feu des grosses pièces algériennes : un boulet de soixante-quatre livres tua ou blessa toutefois douze hommes sur la poupe de la *Brûlante*.

L'arrivée d'une galère, venue du large, rendit un peu de confiance aux assiégés. Du Quesne avait formé un détachement de toutes les barques et chaloupes de l'escadre pour l'enlever, elle et sa compagne, quand le temps se brouilla et obligea nos galiotes, le 12 septembre, à quitter la rade. Du Quesne laissait au blocus d'Alger les quatre vaisseaux du chef d'escadre de Lhéry[2]. «S'il n'avait pas dompté cette ville, concluait Pointis, il l'avait au moins mortifiée, en trouvant un moyen infaillible de luy faire demander la paix à genoux.» Que n'eût-il obtenu, s'il s'y était pris «de bonne heure[3] !»

Dᴇᴜxɪᴇ̀ᴍᴇ ʙᴏᴍʙᴀʀᴅᴇᴍᴇɴᴛ ᴅ'Aʟɢᴇʀ.

Pour en finir avec les pirates, Louis XIV donne à Du Quesne tout ce qu'il demande[4] : dix-sept vaisseaux, trois frégates, sept galiotes à bombes[5], seize galères, des barques longues, des flûtes

---

[1] Dans sa lettre du 30 janvier 1683 aux échevins de Marseille, le P. Le Vacher réduit à une centaine le nombre des personnes mortes sous les ruines des maisons (Mɪsᴇʀᴍᴏɴᴛ, p. 40, n. 3).

[2] Les vaisseaux de Lhéry, Saint-Aubin, Belle-Isle-Érard et Bellefontaine.

[3] Louis XIV à Du Quesne, 11 octobre (Archives nat., *Marine*, B² 46, fol. 430).

[4] Mémoire de Du Quesne au roi (Archives nat., *Marine*, B² 9, fol. 302).

[5] Vaisseaux : le *Saint-Esprit*, de Du Quesne; le *Ferme*, Tourville; le *Vigilant*, d'Amfreville; le *Prudent*, Lhéry; l'*Aimable*, Septémes; l'*Excellent*, Villette; le *Fleuron*, Victor-Marie d'Estrées; le *Cheval-Marin*, Belle-Isle-Érard; le *Bizarre*, Du Mené; la *Sirène*, Sébeville; le *Laurier*, Henri Du Quesne; l'*Étoile*, Des Gouttes;

chargées de vivres, des navires-hôpitaux, en tout cent vingt-deux bâtiments[1], et de vieux-marins, sans aucun de ces encombrants volontaires souvent atteints du mal de mer, auxquels « il faut à tous des lits, des tables et des sièges, ce qui occupe beaucoup de place et cause de l'embarras »[2]. A mi-route d'Alger, une base de ravitaillement est établie aux Baléares.

C'est là que débuta la campagne par la capture d'un raïs algérien de haut parage, qui dut se rendre au chevalier de Lhéry après avoir perdu soixante hommes.

Impressionné par nos préparatifs, Baba Hassan avait chargé le gouverneur du Bastion de France Dusault et le consul Le Vacher de plaider sa cause près de Louis XIV, mais sans nous donner satisfaction. Avec la fatalité orientale, il attendit les événements[3].

le *Hasardeux*, Colbert de Saint-Marc; le *Capable*, Chaumont; le *Sage*, Job Forant; le *Fidèle*, Bidault; le *Vaillant*, Gravier.

Frégates : la *Moqueuse*, Montbron; la *Subtile*, La Boissière; la *Gentille*, Motbeux.

Galiotes à bombes : la *Fulminante* de Chevigny et l'*Ardente* de Du Quesne-Monnier avaient renforcé les cinq de l'année précédente (A. JAL, t. II, p. 444).

[1] En y comprenant 2 vaisseaux-hôpitaux, 24 grosses chaloupes, 10 flûtes et 8 tartanes attachés au service des vaisseaux, 24 grosses chaloupes et 8 flûtes attachées au service des galères (« Relazione della campagna »).

[2] Mémoire de Du Quesne cité.

[3] Sources de l'histoire du bombardement de 1683 :

Relazione della campagna d'Algieri dell'armata navale del Ré Christ. comandata dal sig. Du Quesne, imprimée ci-dessous en appendice : ms. contemporain des événements, très détaillé et très sûr, suivi d'une vue d'Alger et de l'escadre française, par Est. Jourdan, 1683. — Relations d'un officier des galères (Bibl. de Marseille, ms. 431-1378), de Renau d'Éliçagaray, avec plan. Rade d'Alger, 2 juillet (Archives nat., K. 1355, n°s 15 et 17 : E. SÜE, *Histoire de la marine française*, t. III, p. 418), et du commissaire général Hayet, 6 septembre (Archives nat., K. 1355, n° 18 : B. N., Clairambault, 543, p. 407). — Lettres du chevalier de Tourville, 30 juillet et 29 août (DELARBRE, *Tourville et la marine de son temps*, p. 297, 299); 9 septembre (JAL, t. II, p. 464). — *Mémoires du marquis de Villette*, éd. Monmerqué, dans la Société de l'histoire de France, p. 62. — *Mémoires du comte de Forbin* [rédigés d'après ses notes par Simon REBOULET]. Amsterdam, 1729, in-12, t. I. — Liste des tués et blessés (Archives nat., K. 1355, n° 20). — « Veüe des port et fortifications de la marine d'Alger », avec nos sept galiotes et nos neuf vaisseaux, ms. (B. N., Estampes, topographie d'Alger, t. I). — « Table chronologique » du bombardement, par « C. G. DE VERTRON, historiographe du roy », ms. aux armes de Seignelay, comprenant un dessin du port d'Alger, une notice sur le bombardement et, en cartouche, les noms

Dès qu'il fut de retour devant Alger, le 18 juin 1683, Du Quesne disposa ses galiotes en une demi-lune flottante, en les bordant de matelas pour mettre à l'abri les bombardiers. A chacune d'elles il affecta trente marins ou grenadiers de renfort, deux chaloupes d'escorte et un vaisseau pour la touer[1]. Couverte en arrière par les vaisseaux, leur ligne était flanquée aux ailes par le *Cheval Marin* et l'*Étoile*[2] et éclairée par des canots en vigie qui se tenaient à l'entrée du port d'Alger[3]. Dans la soirée du 26, le vent s'abattit. C'était le moment attendu pour l'attaque. De grands feux allumés sur le môle pour nous repérer guidèrent nos coups. Une pluie de bombes de douze à quinze livres tomba sur le môle, la Tour du Fanal, les navires ennemis, avec autant de justesse que si l'on eût « mis les bombes avec les mains ».

Le carnage fut terrible, la consternation générale. A Baba Hassan les femmes portaient les têtes de leurs maris, les membres de leurs enfants, brandissant le poignard dont elles s'égorgeraient si l'on ne faisait la paix. Les miliciens de la taïffa — et ils étaient douze mille — refusaient de rester seuls exposés aux coups, alors que les Maures expulsés d'Espagne, les Tagarins, demeuraient à l'abri, hors la ville. Par surcroît, une bombe, en éclatant dans la demeure de Baba Hassan située près de la porte de la Marine, avait jeté l'épouvante en son âme et amené cette faiblesse de caractère que lui reprochèrent ses administrés[4].

Le pacha le sommait de mettre fin au désastre. Fort perplexe, Baba Hassan fit déchaîner le capitaine de vaisseau de Beaujeu.

des officiers de marine qui y ont pris part (B. N., Franç. 6180, fol. 33). — Lettre de Rykant, consul anglais à Alger, Alger, 27 juillet v. st. (Record Office, State papers, *Foreign series, Barbary States*, vol. 2, Algiers 1671 to 1684). — « Relation de ce qui s'est passé à l'attaque de la ville d'Alger », *Gazette de France*, 1683, p. 373, 552. — Lucien Misermont, *Le double bombardement d'Alger par Duquesne*, p. 46.

[1] Le *Fleuron*, le *Ferme*, la *Sirène*, le *Prudent*, l'*Aimable*, le *Vigilant*, le *Laurier*, commandés par le comte d'Estrées, le chevalier de Tourville, le comte de Sèbeville, le chevalier de Lhéry, Septèmes, les marquis d'Amfreville et Du Quesne.

[2] Aux ordres de Belle-Isle-Erard et Des Gouttes.

[3] Le plan annexé à la relation du *Mercure galant* (juillet 1683, p. 387) montre bien la position de la flotte en triple demi-cercle, galiotes, vaisseaux et, en arrière, navires de charge.

[4] *Chroniques de la Régence d'Alger*, traduites d'un manuscrit arabe intitulé « El-Zohrat-el-Noyerat », par Alphonse Rousseau, p. 140.

«Le seul parti à prendre, déclara sans ambages le captif, est d'aller exprimer votre repentir à notre amiral. — Moi, demander pardon! j'aimerois mieux voir toute la ville à feu et à sang.» Baba Hassan n'en dépêche pas moins quelqu'un vers «le général de l'armée de l'empereur de France». — «Aucune proposition de paix, répond Du Quesne, que les puissances d'Alger n'aient mis en liberté et renvoyé tous les Français, sans en excepter aucun[1].» A une humble requête de les envoyer quérir à terre, il réplique d'un ton cassant : «Qu'on les amène à bord.» Baba Hassan dut se soumettre, et en quelques jours cinq cent quarante-six captifs nous furent remis. Du Quesne ne libéra en retour, et à titre de grâce personnelle, que le raïs du corsaire capturé par le chevalier de Lhéry. Ce geste de générosité, nous le verrons, n'avait point obligé un ingrat.

Le 14 juillet, l'arrivée des seize galères du chevalier de Noailles donna plus de poids aux réclamations de Louis XIV.

A une demande pressante de restitution de prises ou d'une indemnité de 800,000 écus, Baba Hassan répond en larmoyant que c'est impossible. — «Prenez garde, menace Du Quesne; on vous réclamera en sus le payement de tous les frais de l'armement.» L'amiral Hadji Hussein Mezzomorto, otage à notre bord durant les négociations, se porte garant de faire plus en une heure que le dey en quinze jours; on le laisse aller... Il court aux casernes, soulève la taïffa, massacre Baba Hassan, assemble le divan et rompt les négociations entamées par le commissaire Hayet.

Du Quesne hisse, le 21 juillet, le pavillon rouge : sous la protection de douze galères[2], à l'instigation de Tourville, le bombardement ne cessera ni jour, ni nuit; et en voici bientôt le bilan : de notre côté, moins de cent hommes hors de combat[3]; le brûlot de Serpaut détruit par des captifs turcs qui y ont mis sournoisement le feu. Du côté adverse, tout un quartier ruiné, trois vaisseaux de guerre coulés bas, une galère en chantier dé-

----

[1] «A bord du vaisseau de l'empereur de France, ce 18 juin 1683».

[2] Les quatre autres, avec le chevalier de Breteuil, étaient allées évacuer nos négociants établis au Bastion de France, 430 personnes, d'après la *Relazione della campagna*, imprimée ci-dessous.

[3] 20 tués et 78 blessés du 23 mai au 29 juillet, dont 18 sur la galère de Noailles (Liste des morts et des blessés de la présente campagne, signée: Hayet, 29 juillet; Archives nat., K. 1355, n° 20).

foncée par une bombe, une dizaine de barques détruites, trois cents tués [1].

Exaspérés contre nos «bâtiments du diable», les Algériens crient vengeance. Le Père Le Vacher sera la victime expiatoire. Le 28 juillet, sous prétexte que du linge mis à sécher sur la terrasse du consulat de France est un signal, ils saisissent le vieillard, le traînent vers Mezzomorto dont ils obtiennent une sentence de mort, et l'attachent tout nu sur une planche à la gueule d'un énorme canon dont la mise à feu couvrit notre escadre de débris humains [2]. Seize captifs, qui refusent comme l'héroïque Père de prendre le turban, ont le même sort et sont transformés en projectiles.

Ce sont les matelots d'une chaloupe française qui était de garde dans la nuit du 30 juillet. A une patrouille de cinq bâtiments qu'il croit français, le lieutenant de Choiseul-Beaupré a crié de la chaloupe : «Qui vive?» Une effroyable détonation lui répond. Ce sont des Algériens. Nos marins éperdus tombent de peur à la renverse. Choiseul et deux des siens livrent une lutte désespérée avant de succomber. Conduit au dey, «presque mort de bourrades», le lieutenant de vaisseau est menacé d'être lié au canon le lendemain. — «Tout à l'heure, si tu veux», réplique-t-il. Il est attaché à la pièce : elle va tirer, quand le raïs relâché par Du Quesne se jette devant elle en criant : «Tuez-moi, ou faites grâce.» Trois fois il couvre Choiseul de son corps, et finit par le sauver.

Du bagne où on le ramène «jetant le sang», assommé de coups, l'héroïque lieutenant mande à son père ce mot digne de saint Louis : «De quelque manière que l'on me peigne ma mort, elle n'est point capable de me faire fausser ma religion, ni faire honte à ma maison [3].»

Le départ de nos galères ranime les espérances de l'ennemi. Le 11 août, une heure avant le jour, comme le bombardement recom-

[1] *Mercure galant*, août 1683, p. 334. — Tourville à Colbert, 30 juillet (Delarbre, p. 297). — *Relazione della campagna*, imprimée ci-dessous.

[2] On croit conserver à Brest, depuis la prise d'Alger en 1830, la grosse pièce qui tua le consul, *la Consulaire*. Mais Tourville et la «Relazione della campagna» prétendent qu'elle creva. M. l'abbé Misermont vient de discuter, dans la *Revue des études historiques*, la date de la mort du P. Le Vacher, qu'il fixe au 28 juillet.

[3] Choiseul-Beaupré à Seignelay, 19 décembre 1683 (E. Sue, t. III, p. 434).

mence, tout ce qui reste de la flotte algérienne — une galère, une galiote, trois brigantins, douze chaloupes, huit cents hommes — exécute une sortie. La galiote à bombes qui ferme au Nord la ligne de feu, la *Fulminante*, a eu à peine le temps de tirer le canon d'alarme que la galère d'Alger l'aborde et que les autres bâtiments la couvrent de mitraille. Le marquis de La Bretesche, qui la commande à la place de Chevigny, tué, n'a que soixante hommes. Il est mortellement atteint : des matelots pris de panique se jettent par-dessus bord, une vingtaine d'Algériens sont déjà maîtres de la proue. Le capitaine de Brucour, qui commande quatre chaloupes d'escorte dans le secteur nord, Languillet, lieutenant de Tourville, Des Granges, La Garde accourent à la rescousse avec leurs chaloupes. Les capitaines de vaisseau, les chefs d'escadre, Tourville, Amfreville, Lhéry, Villette-Mursay, tous se jettent en canots pour faire tête à l'ennemi. Mais déjà la *Fulminante* s'est dégagée; Gombault, enseigne du *Saint-Esprit*, qui y a été détaché comme lieutenant, a abattu nombre d'assaillants d'un coup de mortier, et La Guiche d'un autre coup; du beaupré de la galiote, un grenadier intrépide a lancé sur les Algériens de multiples grenades. L'ennemi est obligé de lever ses grappins d'abordage et de fuir, ayant perdu cinquante-deux tués à bord de la seule galère. De notre côté, Brucour, frère du capitaine de vaisseau de Sèbeville, est tué; l'enseigne de Boisjoly, le chevalier de Corberon, le marquis de La Sablonnière, une trentaine de volontaires et de soldats sont hors de combat.

La situation d'Abraham Du Quesne devenait difficile : son étoile pâlissait, ses officiers n'y avaient plus foi. « Je le trouvay tranquille dans son lit, écrivait ironiquement Villette-Mursay après la rude escarmouche; et je ne pus m'empescher de luy dire d'un ton moqueur que je venais le tirer d'inquiétude. » On notait par contraste, « par distinction, le sang-froid de M. de Tourville » en pleine action [1]. Le chevalier Anne-Hilarion de Costentin de Tourville posait déjà, par des rapports secrets où il censurait son vieux chef, sa candidature à lui succéder. Aucune décision n'avait été obtenue. Le fatalisme oriental s'accoutumait au déluge de feu.

Et de France arrivaient à Du Quesne des ordres de plus en plus impérieux, des instructions de plus en plus dures. « En cas que

---

[1] *Mémoires du marquis de Villette*, éd. Monmerqué, p. 62.

ceux de ladite ville veuillent envoyer ici des députés, écrivait
Louis XIV, je veux que vous les fassiez convenir que c'est pour
venir demander pardon [1]. » « Vous avez passé inutilement un mois
entier de la plus belle saison de l'année à négocier d'égal à égal
avec ces corsaires; et vous vous êtes mis peut-être hors d'état de
pouvoir achever cette guerre pendant le cours de cette campagne.
Comme j'apprends que vous avez fait voir aux Turcs, venus sur
mes vaisseaux, tous les préparatifs faits pour l'attaque de leur môle
et de l'estacade qui ferme leur port, une telle conduite me fait
craindre que vous n'évitiez de la faire exécuter. Je vous ordonne de
faire assembler les officiers généraux, avec les sieurs chevalier
de Lhéry et de Béthomas, et de concerter avec eux les moyens de
la faire réussir [2]. »

Il s'agissait de mettre en œuvre une invention du chevalier
de Lhéry, que Villette-Mursay traitait de chimérique, mais dont
Tourville était féru. Au départ de Toulon, deux transports avaient
embarqué deux bombes monstrueuses fondues par l'artificier Landouillette de Logivière, si volumineuses qu'un homme pouvait s'y
tenir debout, et si lourdes qu'il avait fallu les haler jusqu'au quai
d'embarquement au moyen de cabestans [3].

Rien de plus effroyable que ces « mines de cuivre », c'était aussi
le nom des mystérieuses machines, sur lesquelles la *Relazione* imprimée ci-dessous fait une complète lumière. De forme ovoïde et
d'un métal âpre et rugueux, hautes de huit pieds et dix pouces,
larges de quatre pieds et dix pouces, la paroi épaisse de cinq
pouces, les bombes pesaient chacune 9,000 livres — quatre tonnes
et demie — et contenaient chacune quatre-vingt quatre quintaux
de poudre : toutes données qui se trouvent confirmées par le schéma
original signé de Maître Landouillette et conservé dans une collection de dessins au Ministère de la Marine [4].

[1] Louis XIV à Du Quesne, 25 juillet 1683 (A. Jal, t. II, p. 457).
[2] Louis XIV à Du Quesne, 10 août (A. Jal, t. II, p. 459).
[3] Colbert à Du Quesne, 13 avril (*Lettres... de Colbert*, t. III. 1re p.,
p. 246). — Seignelay à Du Quesne, 14 août (A. Jal, t. II, p. 461 ; cf. p. 450).
— *Mémoires du marquis de Villette*, p. 62. — *Mémoires du comte de Forbin*, éd.
de 1729, t. I. — Relation d'Antoine Devdier : Bibliothèque de Marseille, p. 31.
[4] « Plan d'une bombe de 8 pieds et du poids de 9,000 livres, par Landouillette de Logivière, envoyé par M. de Vauvré le 6 avril 1683 » (Bibliothèque du
Ministère de la Marine, ms. 357 [G. 201]). J'en ai reproduit le dessin dans la

Pour des bombes aussi formidables, il ne pouvait être question de mortier. On avait installé chacune d'elles sur une flûte ou une tartane, lestée de quarante canons chargés jusqu'à la gueule.

On imagine quel effet aurait produit sur la chaîne et l'estacade du môle l'une de ces machines infernales, que Tourville offrait de mener au but, par vent de Sud-Sud-Ouest, sous l'escorte de quatre galères et d'autant de chaloupes. L'estacade broyée par l'explosion, la seconde machine infernale entrerait dans le port accompagnée de deux galères et suivie d'un brûlot plein de feux d'artifices, de façon à détruire la flotte algérienne, que des sacs de sable et des matelas de cuirs verts avaient à demi protégée. Toutes les chaloupes donneraient aussitôt par la brèche sous le commandement des officiers généraux, pendant qu'une petite division des galères ferait une fausse attaque dans le Nord. Mais Tourville comptait sur les galères, qui ne revinrent point de France, et sans Du Quesne, qui méprisait «le dessein des grosses bombes». Au chevalier de Béthomas qui lui en avait parlé, Du Quesne n'avait pas daigné répondre. Avec Tourville, il «se mit en colère»; or, écrivait Tourville, «si on ne plie pas avec luy et qu'on n'aye pas une soumission aveugle, on devient son cruel ennemy»[1].

Une commission enterra le beau projet des mines infernales. Après examen de la grosse bombe embarquée sur le *Périlleux*, l'artificier Ladouillette et l'ingénieur de Combes la déclarèrent impropre à faire effet, «à moins de mettre dessus cinquante pièces de canon, afin qu'elle trouvât une résistance proportionnée à la quantité de poudre qu'elle contenoit». Et cette surcharge était impossible[2]. Alger était sauvé par l'entêtement du vieux Du Quesne; car il est à penser que l'explosion de ces formidables engins aurait produit un effet de surprise qui nous eût livré la place à discrétion. L'échec de cette seconde expédition laissera Du Quesne marri de «mourir avec cette tache».

Lui parti, les Algériens restaient bloqués. Tourville, avec six vaisseaux, leur faisait une guerre sans merci, préalablement con-

Revue hebdomadaire du 23 décembre 1916, p. 458 : *Au Siècle de Louis XIV : tanks, aéroplanes, sous-marins, torpilles et obus monstrueux.*

[1] Tourville à Colbert. Rade d'Alger, 29 août (DELARBRE, p. 299).

[2] Relation de Hayet. — Tourville à Seignelay, 9 septembre (A. JAL, t. II, p. 462, 467).

certée avec tous les officiers généraux de la flotte [1], et les persuadait par là «qu'il n'y avait point d'autre party à prendre pour eux
que de faire la paix. Vous me rendrez un service très considérable
si vous pouvez la conclure», lui écrivait Louis XIV [2]. Et il ajoutait,
quelques semaines après : «Il est de la dernière importance pour
le commerce de mes sujets que cette paix ne soit pas plus longtemps différée [3].» Le 5 avril 1684, Tourville entamait des négociations avec le dey, et, en quelques jours, l'habile diplomate,
plus heureux que son vieux collègue, mais aussi porteur de conditions moins draconiennes [4], parvenait à ses fins. Un traité de paix
était signé pour cent ans..... Trois ans plus tard, il fallait le
consolider.

[1] Louis XIV à Tourville, 11 septembre 1683 (DELARBRE, p. 124).
[2] Louis XIV à Tourville, 9 novembre (DELARBRE, p. 125).
[3] Louis XIV à Tourville, 26 décembre (DELARBRE, p. 129).
[4] Seignelay à Tourville, 22 janvier 1684 (DELARBRE, p. 134).

RELAZIONE DELLA CAMPAGNA D'ALGIERI DELL' ARMATA NAVALE DEL RE CHRISTIANISSIMO COMANDATA DAL SIGNOR DU QUESNE LUOCOTENENTE GENERALE E COMANDANTE NE' MARI DI LEVANTE.

Havendo gl' Algerini fin dall' anno 1681, non ostante il trattato di pace con la Francia, presi molti Legni e Barche mercantili francesi, e tra gl' altri un Vascello di Guerra che fidando si della pace fu con inganno preso, e dannegiata la spiaggia di Provenza e Languedoca notabilmente, diedero giusto motivo di risentimento alla Maestà Sua Christ(ianissi)ma, che per sicurezza della navigazione e per far provare a quei Barbari il suo giusto sdegno, ordinó s'apprestasse in Armata nei Porti di Tolone e Marsiglia, per spingerla a danni di quella Città d'Algieri. Ond' essendo tutt' all' ordine, consistendo quest' Armata in tredici Vascelli di Guerra, due Fregate leggieri, quattro Pollache armate da Guerra, quattro grossi Brulotti d'incendiare, ventiquattro grosse scialuppe armate da guerra, sette Galeotte per tirare Bombe, sei grosse Flute per portare de' viveri, due Vascelli per l'hospitale, quattro Vascelli caricati di viveri, otto legni piccioli tra Barche e Tartane, sedici Galere comandate dal sig(no)r di Novaglia, ventiquattro grosse scialuppe armate da guerra

---

RELATION DE LA CAMPAGNE D'ALGER, PAR LA FLOTTE DU ROI TRÈS CHRÉTIEN, SOUS LA DIRECTION DU SIEUR DU QUESNE, LIEUTENANT GÉNÉRAL ET COMMANDANT DANS LES MERS DU LEVANT.

Dès la fin de 1681, malgré le traité de paix existant avec la France, les Algériens avaient pris beaucoup de barques et de vaisseaux marchands français, saisi par surprise un vaisseau de guerre qui se fiait à la paix, ravagé les côtes de Provence et de Languedoc, et donné par là un juste motif de ressentiment à Sa Majesté Très Chrétienne. Louis XIV, pour la sûreté de la navigation et pour le juste châtiment de ces barbares, ordonna de préparer, dans les ports de Toulon et de Marseille, une flotte puissante destinée à punir la ville d'Alger. Quand tout fut prêt, la flotte compta treize vaisseaux de guerre, deux frégates légères, quatre polacres armées, quatre gros brûlots incendiaires, vingt-quatre grosses chaloupes sur pied de guerre, sept galiotes destinées à tirer des bombes, six grosses flûtes pour porter des vivres, deux navires-hôpitaux, quatre vaisseaux chargés de vivres, huit transports plus petits, barques et tartanes, enfin, sous le commandement de M. de Noailles, seize galères suivies de vingt-quatre

che seguivano le galere, otto altri legni grossi tra Flute e Vascelli che portano li viveri d'esse.

Partì il sig(no)r du Quesne da Tolone li 6 del mese di maggio 1683 con sei Vascelli da Guerra, havendo di già dat' ordine al resto dell' Armata di trovarsi all' Isola della Formentera vicino all' Isola d'Yvica, nelle coste del Regno di Valenza. Et alli 18, passò in vista di Barcellona, ov' havendo havuto notitia che in quelle coste v'era qualche vascello corsaro Algerino ch' haveva depredato e fatto del danno in quelle vicinanze, fece distaccare il sig(no)r Cavalier de Leri, capo di Squadra, che poco lontano havendo rincontrato il pred(et)to vascello armato di quattordici pezzi di Cannone e di dugent' huomini, doppo qualche Combattimento e resistenza, se ne rese valorosamente Padrone, con esservi restati morti da trenta Turchi, et altri tanti feriti, havendo dato la libertà a trenta e piu Schiavi Christiani ch' erano in quel legno.

Arrivò l'Armata ad Yvica li 2 di giugno, e li due vascelli cioè il *Lauro* e la *Stella* arrivorono alli 9, insieme con tutte le Galeotte, et altre navi, e vi dimorò l'Armata sin alli 14. In questo tempo per non essere otiosi, si fecero gli esercitii militari di sparare Bombe, Granate, Carcasse, et altri artificii di Guerra con che si doveva battere Algieri, et essendosi fin al detto

---

grosses chaloupes armées et de huit autres gros transports, flûtes et vaisseaux, qui portaient leurs vivres.

M. Du Quesne partit de Toulon, le 6 mai 1683, avec six vaisseaux de guerre. Il avait préalablement donné ordre au reste de l'armée de rallier l'île de Formentera près de l'île d'Iviça, sur les côtes du royaume de Valence. Le 18, il passa en vue de Barcelone. Il y apprit qu'un vaisseau corsaire algérien venait de commettre des rapines dans le voisinage. Il détacha aussitôt contre lui le chevalier de Lhéry, chef d'escadre, qui ne tarda point à rencontrer le vaisseau corsaire, armé de quatorze pièces de canon et fort de deux cents hommes. Lhéry l'attaqua vivement, et, après un court combat et une légère résistance, il s'en rendit maître; il lui avait tué trente Turcs et en avait blessé un même nombre; c'est aussi une trentaine et même davantage d'esclaves chrétiens qu'il remit en liberté [1].

La flotte arriva à Iviça le 2 juin, moins les deux vaisseaux le *Laurier* et l'*Étoile*, qui ne rallièrent, avec les galiotes, que le 9. Elle y demeura jusqu'au 14, et, pour occuper ses loisirs, s'exerça à lancer des bombes, des grenades, des carcasses et autres projectiles de guerre, qui devaient être employés à Alger. M. Du Quesne avait prolongé ainsi son séjour pour

[1] Tout ce début de la *Relazione* est conforme à la *Relation de ce qui s'est passé à l'attaque de la ville d'Alger*, parue dans la *Gazette de France*, année 1683, p. 373. Et la suite répondra au début

tempo dimorato in quel porto, per attendere le Galere, ma in fine vedendo il sig(no)r du Quesne che queste non si vedevano, e che la Tartana che fu spedita per haverene nuova ritornó senza alcuna novella, risolse partire, senza quelle, alla volta d'Algieri, temendo che l'avanzamento della stagione potesse molto pregiudicare a suoi disegni, per mancanza delle calme favorevoli, essendo quella costa assai pericolosa per i Vascelli, quando soffiano i venti grecali; onde l'i 15 di giugno si stacco tutta l'Armata da quell' Isola, et alli 20 doppo mezzo giorno si diede fondo in Algieri; ivi si trovorono cinque altri Vascelli da Guerra comandati dal sig(no)r d'Anfriville capo di squadro, e molto prima inviati a quella volta, gli detti cinque Vancelli havevano fatto presa d'un Vascello inglese delli corsari di Salè, che se n'erano resi padroni poco prima, nella di cui presa erano restati morti e feriti alcuni de nostri.

Il giorno delli 21 e 22 furono impiegati in consigli di guerra e fu risoluto di servirsi delle Galeotte per tirare le bombe dentro d'Algieri, senz' attendere le Galere, e che sette Vascelli da Guerra si dovessero mettere in una linea un poco ronda, facendo mezza luna intorno al molo, lontani da esso alla gran portata del cannone, e che alli due capi di detto molo vi dovessero essere due altri Vascelli un poco piu vicino alla città per spaleggiare le Galeotte, conforme haverebbero fatto le Galere, se vi fossero state, e ciò per impedire qualsisia sortita che l'inimico havesse potutò fare,

---

attendre les galères ; ne les apercevant pas, il envoya à leur recherche une tartane qui rentra au port sans avoir rien rencontré ; il résolut alors de partir sans elles. Il craignait avec raison que la saison avancée ne dérangeât ses projets, en ne laissant plus la mer assez calme, car les côtes d'Afrique sont assez périlleuses pour les vaisseaux, dès que les vents Nord-Est commencent à y souffler. Le 15 juin, la flotte tout entière quitta l'île d'Iviça, et, le 20 dans l'après-midi, elle jeta l'ancre en rade d'Alger. Elle y trouva cinq autres vaisseaux de guerre commandés par M. d'Anfreville, chef d'escadre, envoyés dans ces parages bien auparavant.

M. d'Anfreville avait pris aux corsaires de Salé un vaisseau anglais tombé entre leurs mains peu de temps auparavant, et il avait perdu dans cette action quelques hommes tués ou blessés.

Les journées des 21 et 22 juin se passèrent en conseils de guerre ; il fut décidé d'employer les galiotes à tirer des bombes sur Alger sans attendre les galères. Sept vaisseaux de guerre devaient se poster en une ligne infléchie en forme de demi-lune autour du môle, mais s'en tenir éloignés de la grande portée du canon ; aux deux extrémités du môle, il devait y avoir deux autres vaisseaux, un peu plus rapprochés de la ville, pour défendre les galiotes, comme l'auraient fait les galères si elles avaient été là ; tout cela pour empêcher la moindre tentative de sortie de l'ennemi, car on

essendosi havuto nuova, che gl' inimici tenevano due Galere all' ordine per uscire.

In tanto, in quei due giorni, si preparorono l'amarre, cioè le corde et ancore di tutte le sette le Galeotte, con quelle delli due Vascelli che stavano alle punte, in luogo delle Galere, quali corde erano lunghe di mille e cinque cento braccia l'una.

Il di 23 a dieci hore di mattina, tutti li comandanti, capitani et altri Uffiziali e volontarii si misero dentro di scialuppe armate e portorono le dette Ancore, a metterle dugento braccia lontano la Città e molo, ch'era il posto che dovevano. prendere le Galeotte per tirare le bombe contro la Città, e queste corde erano attacate un capo alli Vascelli e l'altro all' Ancore, é servivano per far'andare avanti e dietro le Galeotte, con tirarle a forza d'huomini, e tutta questa manifattura s'haveva da fare senza dar alcun' apparenza alla Città.

I Vascelli che tenevano queste corde per far andare le Galeotte erano : *il Fermo* commandato dal sig(no)r di Trouville Luocotenente Generale, *il Vigilante* comandato dal sig(no)r d'Anfrivilla capo di squadra, *il Prudente* dal sig(no)r de Leri secondo capo di squadra, *l'Amabile* comandato dal sig(no)r di Septemes, *il Gran Fiore* dal sig(no)r Conte d'Estrées, *il Lauro* dal sig(no)r Marchese du Quesne figlio del generale, *la Syrena* dal sig(no)r di Seppeville, e li due altri che stavano su l'ali, uno era *il Caval marino*

---

avait su qu'il tenait deux galères prêtes à prendre la mer. En attendant, pendant ces deux jours, on prépara les amarres, c'est-à-dire les cordes et les ancres des sept galiotes, et celles des deux vaisseaux destinés, à la place des galères, à occuper les deux extrémités ; ces cordes avaient chacune mille cinq cents brasses de longueur.

Le 23, à dix heures du matin, les commandants, capitaines et autres officiers et volontaires montèrent dans des chaloupes armées et portèrent les ancres à deux cents brasses de la ville et du môle ; c'est la place que devaient occuper les galiotes pour tirer les bombes contre la ville. Les cordes, attachées d'un côté aux vaisseaux et de l'autre côté aux ancres, servaient à faire glisser en avant et en arrière les galiotes ; on les tirait à bras d'hommes. Toute cette manœuvre devait s'exécuter sans donner à la ville la moindre alarme.

Les vaisseaux qui maintenaient les cordes pour faire glisser les galiotes étaient : le *Ferme*, commandé par M. de Tourville, lieutenant général ; le *Vigilant*, commandé par M. d'Anfreville, chef d'escadre ; le *Prudent*, commandé par M. de Lhéry, second chef d'escadre ; l'*Aimable*, commandé par M. de Septêmes ; le *Fleuron*, commandé par M. le comte d'Estrées ; le *Laurier*, commandé par M. le marquis Du Quesne, fils du général : la *Syrène*, commandé par M. de Sébeville ; les deux qui étaient postés sur les

comandato dal sig(no)r di Belilla, e l'altro *la Stella* comandato dal sig(no)r
Comandator di Gut, e ciascheduno Vascello era obligato d'accodire alle
Galeotte, con due scialuppe armate tanto di soldati come di volontarii, et
oltre di questo havevano destinato tre corpi di guardia, d'otto scialuppe
l'uno, che dovevano stare uno nel mezzo, e gl' altri due nell' ali in linea, e
quattr' altre scialuppe ben armate dovevano stare in guardia vicino alla
catena del Porto, per osservare se l'inimico faceva alcuno motivo d'uscire,
et al minimo segno che quest' havessero dato, si dovevano radunare
tutte le scialuppe per opporsi all' inimico in qualunque parte ch'havesse
attaccato.

E cosi essendo tutto disposto in quella mattina delli 23, il resto del
giorno si consumò a dare ordini necessarii per impedire che l'inimico non
potesse venire a pescare le dette ancore, et a questo effetto furono messe
tutte le scialuppe in arme.

Il giorno appresso, essendo il mare troppo grosso, si cotentò il sig(no)r
du Quesne di donare gli medesimi ordini delle scialuppe in guardia, et
havendole il mare grosso portate poco lontano dalle muraglie, riceverono
qualche tiro di cannone a mitraglia e quantità di moschettate, dove per-
demmo qualcheduno; ma non tanti quanti si dovevano perdere alla quan-

---

ailes étaient, l'un *le Cheval-Marin*, commandé par M. de Belisle, et l'autre
l'Étoile, commandé par M. le commandeur Des Gouttes. Chaque vaisseau,
avec deux chaloupes armées de soldats et de volontaires, était obligé de
veiller sur sa galiote. En outre, trois corps de garde, de huit chaloupes
chacun, étaient destinés à se tenir, l'un au milieu, les autres aux deux
ailes de la ligne des vaisseaux ; puis quatre chaloupes bien armées devaient
monter la garde près de la chaîne du port, afin d'observer si l'ennemi faisait le moindre mouvement pour sortir. Au premier signal donné par ces
chaloupes, toutes les autres devaient se réunir et marcher à l'ennemi en
quelque endroit qu'il eût attaqué.

Tout ayant été ainsi disposé dans la matinée du 23, le reste du jour
se passa à donner les ordres nécessaires pour empêcher que l'ennemi ne
tentât de pêcher les ancres, et, à cet effet, toutes les chaloupes furent
armées.

Le lendemain, la mer étant trop grosse, M. Du Quesne se contenta de
donner les mêmes ordres que la veille aux chaloupes destinées à la garde.
Celles-ci portées par la grosse mer à peu de distance des murailles, reçurent quelques coups de canon à mitraille et de nombreuses décharges
de mousqueterie. Nous [1] perdîmes des hommes, mais pas en proportion

---

[1] Cette expression et d'autres semblables que nous rencontrerons souvent
dans ce récit prouvent que l'auteur faisait partie de l'armée de Du Quesne.

tità del fuoco, che facevano gl'inimici sopra di noi, e questo tempo cattivo fu la causa, che non poterono avanzare le Galeotte per infino alla notte delli 26 di detto mese. et essendosi accostate al posto destinato a forza di tirare su le corde nella maniera suddetta, insieme con li due Vascelli che stavano su l'ali, e tutte le scialuppe, cominciorono a tirare le bombe un' hora avanti mezza notte, con un grand' Impeto e giustezza, che poche furono quelle che non colpirono nella Città, e gl' inimici rispondevano cosi vigorosamente che ciascheduna delle nostre bombe era corrisposta da quaranta o cinquanta tiri di cannone per volta, oltre la quantità infinita di moschettate che tiravano alle scialuppe, ch' erano poco lontane dalle muraglie, e non fecero alcuno motivo di sortire le Galere due, a causa che diffidorono della loro ciurma, essendo la maggior parte Schiavi Christiani, e doppo sei hore di combatt(imen)to con grandissimo fuoco dall'una e l'altra parte, vicino l'alba del giorno, il sig(no)r du Quesne fece tirare due tiri di cannone per dar segno della ritirata generale. E due Vascelli inglesi che si trovavano a caso dentro il Porto d'Algieri, si viddero assai imbarazzati, forzandoli gl' Algerini ad uscire, non volendo che fossero testimonii delle loro disgrazie, et uscirono molto fortunatamente.

Il giorno appresso delli 27, il tempo ci dava poca speranza di poter

---

du feu considérable que les ennemis dirigeaient sur nous. Le mauvais temps empêcha les galiotes d'avancer, jusqu'à la nuit du 26.

Elles furent enfin, à force de haler sur les cordes de la manière indiquée plus haut, amenées aux différents postes qui leur étaient assignés; il en fut de même des deux vaisseaux envoyés aux deux ailes, ainsi que des chaloupes. Les galiotes commencèrent à lancer des bombes une heure avant minuit, avec une telle force et une si grande précision, qu'il y eut peu de projectiles à ne pas tomber dans la ville. Les ennemis répondaient si vivement, qu'à chaque bombe lancée par nous ils tiraient quarante ou cinquante coups de canon, outre une quantité infinie de décharges de mousquets dirigées sur les chaloupes les plus rapprochées des murailles. Les deux galères ennemies dont il a été parlé ne firent aucune tentative de sortie, parce qu'elles n'avaient point confiance dans leur chiourme composée en grande partie d'esclaves chrétiens. Après six heures d'un combat soutenu de part et d'autre avec un feu très nourri, un peu avant l'aube du jour, M. Du Quesne fit tirer deux coups de canon pour donner le signal de la retraite générale. Deux vaisseaux anglais ancrés à l'intérieur du port d'Alger se trouvèrent alors dans un grand embarras, obligés qu'ils étaient de sortir entre deux feux, parce que les Algériens ne voulaient avoir aucun témoin de leur détresse; ils réussirent pourtant à s'éloigner sans accident.

Le lendemain 27, le vent et les éclairs étant de mauvais augure, le

intraprendere alcuno motivo d'attacco, mentre tra il vento et i lampi continui che facevano ci mostrava un cattivo pronostico, e, non ostante questo, non si mancò di stare tutti pronti al segnale della marcia, come segui alle due hore avanti mezza notte, essendosi un poco calmato il mare, et avanzate che furono le galeotte a loro posti, cominciorono a tirare nella medesima maniera della sera antecedente, che riusci il tutto admirabilmente, et era bello di vedere quattro o cinque bombe per volta in aria con fare prodigiosi effetti, facendo cadere quattro o cinque case in un medesimo tempo, il che rendeva terrore per il gran strepito che facevano.

Non mancorono pero gl' inimici di rispondere con il medesimo impeto, e forza di continue cannonate, senza che havessero quell' effetto che loro s'imaginavano, poiche la perdita de nostri non fu considerabile alla quantità del fuoco che facevano, et in questa notte le nostre Bombe fecero cadere parte della casa del medesimo Re Babassam, insieme con quantità grande di molte altre, dov' erano molti magazzini pieni di ricche mercanzie, et ivi furono sepelliti dalle ruine da 700 o 800 huomini, in fine quando le bombe si fossero voltute applicare di propria mano, non sarebbero riuscite cosi bene, e non si sarebbero potute mettere in luoghi piu adequati per fare loro del male. Una fra l'altre diede in una grossa Barcha ch'era in ordine pèr partire, dove erano armati piu di cento Turchi, quale la fece colare subito a fondo, insieme con un altro picciolo Bregantino ove si persero tutti gl' huomini.

---

temps nous donnait peu d'espoir de pouvoir entreprendre une attaque; malgré cela, quand la mer se fut un peu calmée, au signal de marcher qui fut donné deux heures avant minuit, tout le monde se trouva prêt. Les galiotes amenées à leur poste commencèrent à tirer comme le soir précédent. Tout réussit admirablement, et il faisait beau voir quatre ou cinq bombes voler en l'air en même temps, puis éclater et produire des ravages prodigieux, faire crouler quatre ou cinq maisons à la fois, provoquer un fracas considérable et répandre partout la terreur.

Les ennemis ne manquèrent pas de nous répondre avec une grande vigueur par un feu roulant : ils n'obtinrent pas cependant les résultats qu'ils auraient pu rêver, et les pertes des nôtres ne furent rien en proportion de la quantité de coups de feu dirigés contre eux. Cette nuit-là, nos bombes firent crouler, outre une partie de la maison du roi Baba-Hassan, un grand nombre d'autres édifices, des magasins pleins de riches marchandises, ensevelissant sous leurs ruines de 700 à 800 hommes. Enfin, si l'on avait posé les bombes avec la main, on n'aurait pas réussi aussi bien, et on ne les aurait pas placées dans des endroits plus propices pour faire du mal à l'ennemi. Une bombe, entre autres, tomba sur une grosse barque prête à tenter une sortie et portant plus de cent Turcs sous les armes; elle la

Havevano fatto allumare in quella notte quantità di fuoco artificiale, quale stava continuamente accesso nella medesima loro costa lontano dalla Città una lega, e piu per poter profittare del riflesso d'esso afin di vedere le galeotte, ma il poco male che ricevessimo sulle subdette, fu attribuito all' effetto del suddetto riflesso.

Doppo sei hore di combatt(imen)to si grande, si voltò nel medesimo instante un turbine di vento cosi furioso che cagionò non poco disordine, mentre haveva fatto imbrogliare tutte le corde e gomene delle Galeotte, e bisognò con gran prestezza tagliarle tutte, per poter piu destramente mettersi alla vela, afin d'evitare questo evidente pericolo, che ci minacciava turbine cosi furioso, senza poter aspettare il segno della ritirata, e molte delle Galeotte e Scialuppe che si trovorono alla larga, per miracolo si salvorono con la scorta del giorno. Non di meno non si puo esprimere l'avvantaggio che si riportò in queste sei hore di combattimento, mentre la Città l'era ridotta all' ultimo esterminio, e la plebe insieme con le donne andava a domandare misericordia al Re loro Babassam, con rimproverarli ancora che lui era la causa dell' ingiusta guerra, presentandoli le braccia e le teste delli loro mariti, con dirli: «Ecco li frutti della nostra guerra», minacciandolo ancora d'ammazzarlo.

---

coula en un instant, ainsi qu'un petit brigantin dont tout l'équipage fut également noyé.

L'ennemi avait fait allumer, cette nuit-là, un grand nombre de feux qu'il entretenait avec soin sur la côte, à une lieue de la ville et même plus loin, pour apercevoir les galiotes au moyen du reflet, mais le peu de dégât qu'il nous causa fut attribué précisément à ce reflet.

Le violent combat durait depuis six heures, quand tout à coup[1] se déchaîna un tourbillon de vent si furieux, qu'il amena un véritable enchevêtrement dans les cordes et les câbles des galiotes; aussi fallut-il tout couper à la hâte pour pouvoir mettre à la voile et éviter le péril évident qui nous menaçait, sans songer à attendre le signal de la retraite; plusieurs galiotes et chaloupes qui se trouvèrent au large se sauvèrent par miracle aux premières lueurs du jour. Malgré ce contre-temps, on ne peut calculer l'avantage immense remporté par nous dans ces six heures de combat; la ville fut réduite à la dernière extrémité; le bas peuple, y compris les femmes, alla demander grâce au roi Baba-Hassan, et lui reprocha d'être la cause de cette guerre injuste; les femmes lui présentaient les bras et les têtes de leurs maris, et lui disaient : «Voilà le fruit de notre guerre», et elles le menaçaient de mort.

[1] Le 28 juin, à une heure après minuit (*Relation de ce qui s'est passé à l'attaque de la ville d'Alger*, parue dans la *Gazette de France*, année 1683, p. 579)

La Taiffa, che vuol dire la militia forestiera, cominciò a sollevarsi si furiosamente contro il Re. che fu necessitato per qualche poco di tempo nascondersi, essendo composta di piu di dodici mila huomini, la maggior parte de' quali sono rinegati, et altra gente fuggita dalla Christianità. Il Divan, che vuol dire consiglio, si radunò in questa mattina alla punta del giorno, per risolvere quello dovessero fare in simile revoluzione e tumulto di popolo. Il Bassa, che è l'Inviato del Gran Signore a questa Città, parlò il primo molto risentitamente al consiglio dicendoli : «Quali forze havete per opporvi ad una violenza di Bombe cosi furiose, et ad una risoluzione di Francesi cosi determinata a distruggervi? poiche non essendo che tante cannonate habbino impedito il disegno de Francesi.» In fine gli disse che se persistevano in quella opinione, se ne sarebbe andato a Tunis, per di là poi far sapere alla Porta la loro ostinazione e malgoverno, che causava la perdita e distruzione di tutta la Città, e che non haverebbe potuto poi contribuire quei tributi soliti, che sogliono pagare al suo Gran Signorè. E. cosi il Re Babassam intese queste minaccie del Inviato e quelle del Popolo, risolse insieme con il Consiglio di mandar a chiamare il pa(dr)e Vascese, Missionario e Vicario Apostolico di Nazione Francese, che molte volte è stato ancora pro interim console della medesima nazione, insieme

---

La Taïffe, c'est-à-dire la milice composée d'étrangers, commença à se soulever contre le roi avec une telle fureur, que Baba-Hassan se vit obligé pendant quelque temps de se cacher ; l'émeute comptait plus de douze mille hommes, des renégats pour la plupart et autres individus évadés de la chrétienté. Le Divan, c'est-à-dire le conseil, se réunit à la hâte de bon matin, pour voir ce qu'il y avait à faire en face d'une semblable révolution et d'un tel tumulte du peuple. Le Pacha, qui est le représentant du Grand Seigneur dans la ville, parla le premier et s'exprima avec une grande colère : «Quelles forces avez-vous, demanda-t-il, à opposer à un pareil bombardement et à l'entreprise des Français résolus à vous détruire, après que tant de coups de canon n'ont pu enrayer le projet de l'ennemi?» Il termina en disant que si le Conseil persistait dans sa manière de voir, il se rendrait à Tunis pour, de là, faire savoir à la Porte leur obstination et leur gouvernement déplorable, qui causaient la perte et la destruction de la ville et qui empêcheraient Alger de contribuer aux tributs ordinaires payés au Grand Seigneur [1]. Devant les menaces du représentant du Sultan et les cris du peuple, Baba-Hassan résolut, d'accord avec le Conseil, de faire appeler le Père Le Vacher, missionnaire et vicaire apostolique, Français de nation, qui, comme il l'avait fait plusieurs fois déjà, gérait par intérim le consulat de son pays ; il appela aussi un Turc, son confident, et un rénégat

---

[1] Le récit est presque identique à la *Relation* de la *Gazette de France.*

con un Turco suo confidente et un rinegato interprete, et ordinò a tutti
tre di mettersi in una scialuppa con uno Stendardo Bianco, et andare nel
medesimo tempo dal sig(no)r du Quesne a domandare la pace, a quel
prezzo che lui havesse voluto. Questi arrivati che furono all' Admiraglio
fecero domandare di parlare al sig(no)r du Quesne Generale, da parte del
loro Re e Città. Il sig(no)r du Quesne gli permise di montare e di venire
avanti di lui, et il complimento che gli fecero parlando sempre l'Interprete e rinegato francese fu questi termini : «Il mio Re Babassam, con il
consiglio, m'invia qui alla vostra Clemenza per addimandarvi la pace.»
Il sig(no)r du Quesne rispose che se gl' havessero dato la sodisfazione
dovuta, sarebbe condesceso poi al trattato della pace, et a quest' effetto
stimò bene di mettere in carta le sue protensioni in questi termini :

«Il Generale dell' Armata Navale del Imperatore di Francia, che è pre-
sentemente avanti la Città d'Algieri, dice e risponde all' Inviato dalla parte
del potente Governatore del Regno d'Algieri, che non intendeva mai qualsivoglia propositione di pace, se prima il potente Governatore non gl' ha
meso in libertà e vero tutti gli schiavi francesi e posti sopra il suo Vascello
medesimo quelli ancora di qualsivoglia altra nazione, ch'erano stati presi
in diversi Legni che portavano lo Stendardo Francese, senz' escluderne

---

qui devait servir d'interprète. Il leur ordonna à tous les trois de monter
dans une chaloupe avec un pavillon blanc, et d'aller implorer la paix de
Du Quesne à n'importe quelle condition.

Arrivés au vaisseau amiral, les trois envoyés demandèrent à parler au général, au nom de leur roi et de la ville. M. Du Quesne leur permit de monter
à bord [1], et les admit en sa présence. Le compliment qui lui fut adressé
par la bouche de l'interprète, renégat français, était conçu en ces termes :
«Mon roi Baba-Hassan, d'accord avec le Conseil, m'envoie ici à votre
clémence pour vous demander la paix.» M. Du Quesne répondit que, si les
Algériens donnaient la satisfaction voulue, il traiterait volontiers de la paix
avec eux, et il jugea bon de coucher sur le papier ses conditions, conçues
dans les termes suivants :

«Le général de l'armée navale de l'Empereur de France, qui est pré-
sentement à la rade d'Alger, dit, pour réponse aux envoyés du puissant
Gouverneur du royaume d'Alger, qu'il n'entendra à aucunes propositions
de paix que, premièrement, le puissant Gouverneur n'ait mis en liberté
et renvoyé francs et quittes à bord du Vaisseau Amiral tous les esclaves
français, et même tous autres, de quelque nation qu'ils soient, qui ont

---

[1] D'après le manuscrit de Marseille; M. Le Vacher ne monta pas à bord
immédiatement.

alcuno. Fatta nell' Admiraglio dell' Imperator di Francia questo di 28 Giugno 1683, e firmata dal detto sig(no)r du Quesne. »

Il detto Inviato pigliò la suddetta carta, promettendo di ritornare ben presto a rendere riposta : e con molta maraviglia di tutta l'Armata, il giorno medesimo, due hore doppo mezzo di, fu veduta la medesima scialuppa uscire d'Algieri per venire a rendere risposta, che portò una lettera scritta dal Padre Vascese quale il sig(no)r du Quesne non volle mai aprire, dicendoli sempre che non voleva alcuna negoziazione con il detto Padre. E l'Inviato vedendo non potere ottenere cos'alcuna, lo pregò almeno di volere mandare a pigliare gli detti Schiavi in Algieri ; al che il sig(no)r du Quesne rispose fieramente come meritavano Barbari simili, che tanti negoziati erano inutili, e che voleva che menassero gli Schiavi prontamente, altrimenti non haverebbe mancato di proseguire quello ch' haveva incominciato.

A quest' ultime parole molto risentite, l'Inviato se ne ritornò subito, e quello che rese Stupore fu che in termine di due hore, rivenne di nuovo a portare la risposta, dicendo ch' erano prontissimi a consegnare tutti gli Schiavi, purche lui si fosse contentato d'aspettare infino alla mattina

---

été pris sur les vaisseaux de France, sans en excepter pas un [1]. Fait à bord de l'Amiral de l'Empereur de France, ce 28 juin 1683. Signé : Du Quesne. »

L'envoyé prit la lettre et promit de revenir très vite avec la réponse. Au grand étonnement de l'armée entière, le jour même, deux heures après midi, la chaloupe reparut, quittant de nouveau Alger et se dirigeant vers nous pour rendre la réponse promise. L'envoyé cependant ne portait qu'une lettre du Père Le Vacher. M. Du Quesne refusa même de l'ouvrir et répéta qu'il n'acceptait aucune négociation avec le Père missionnaire. L'envoyé, comprenant qu'il n'obtiendrait rien, le pria de vouloir au moins faire prendre lui-même les esclaves à Alger. A quoi M. Du Quesne répondit avec fierté, comme il convenait à de tels barbares, que tant de pourparlers étaient inutiles ; il entendait que les Algériens amenassent eux-mêmes, et rapidement, les esclaves ; s'ils ne s'exécutaient pas, lui ne manquerait pas de poursuivre l'œuvre qu'il avait commencée.

A ces dernières paroles prononcées d'un ton sévère, l'envoyé repartit sans le moindre retard. La stupeur de tous fut à son comble, quand, deux heures après [2], on le vit revenir porteur de la réponse attendue. Ils étaient prêts, assura-t-il, à rendre tous les esclaves ; cependant ils priaient

---

[1] J'adopte le texte de la *Relation* de la *Gazette de France,* qui emploie toutefois l'expression «les trois Puissances» au lieu de «Gouverneur» d'Alger.

[2] A sept heures du soir. (*Relation* parue dans la *Gazette de France.*)

sequente, essendo l'hora troppo tarda, e che il suo Re Babassam con il Consiglio lo pregava di voler dar tregua infino alla mattina seguente, ch' infallibilm(ent)e gl' haverebbero condotti tutti, et il sig(no)r du Quesne vedendo che la domanda era giusta, gl' el accordò e per dar segno alla medesima Città che stava aspettando la risoluzione, fece tirare due tiri di cannone, e proponendoli di nuovo l'Inviato la reciproca restituzione delli Schiavi che noi havevamo d'Algieri, il sig(no)r du Quesne rispose di non volere applicare ad alcun trattato fin che non havessero sodisfatto la sua domanda. E cosi l'Inviato s'acquietò, e questi tiri di cannone che furono tirati eccitorono tant' allegrezza nel popolo d'Algieri per quello s'è saputo, che fecero infine di pazzie per il gran giubilo di non ricevere piu bombe. E l'Inviato se ne tornò assicurando sempre il sig(no)r du Quesne che la Città d'Algieri era risoluta di fare una pace perpetua. Con tutta quest' assicurazione di tregua non si mancò pero di stare in ordine tutta la notte, e tutto il giorno seguente, afin di vedere se manterrebbero la parola.

Cominciorono la mattina seguente delli 29 a buon hora a condurre gli schiavi, de' quali nel primo viaggio erano infino a quattordici o quindici

---

M. Du Quesne de vouloir bien patienter jusqu'au lendemain matin, car, ce jour-là, l'heure était trop avancée.

Il ajouta que son roi Baba-Hassan et le Conseil demandaient encore au général d'accorder une trêve, et, le lendemain, infailliblement, tous les esclaves seraient rendus. M. Du Quesne, trouvant la demande raisonnable, donna satisfaction à l'envoyé; et voulant rassurer lui-même la ville qui était dans l'attente, il fit tirer deux coups de canon. L'envoyé essaya alors, de nouveau, de proposer la restitution réciproque des esclaves algériens restés en notre possession, mais M. Du Quesne lui répliqua qu'il ne voulait engager aucune négociation tant que les Algériens n'auraient pas satisfait à sa première condition. Devant cette réplique, l'envoyé se tint coi. Les deux coups de canon, tirés à dessein, excitèrent une si grande joie parmi le peuple d'Alger, — on le sut plus tard, — qu'il en vint à de vraies folies, heureux qu'il était de ne plus recevoir de bombes.

L'envoyé s'en retourna, assurant M. Du Quesne que la ville d'Alger était résolue à faire une paix perpétuelle. Malgré toutes ces assurances, l'armée resta en ordre de bataille toute la nuit et le jour suivant; il fallait s'assurer si les Algériens tiendraient la parole donnée.

Le lendemain matin, 29 juin, de bonne heure, ils commencèrent à amener les esclaves [1]. Dès le premier voyage, ils en avaient rempli qua-

(1) 141 esclaves, dont le capitaine de Beaujeu. (*Relation* parue dans la *Gazette de France*.)

Scialuppe piene, e benche il mare fusse in tempestà s'esposero ad evidente pericolo per mentenere la loro promessa, et il medesimo inviato fu quello che gl'accompagnò tutti, dicendo al sig(no)r du Quesne, che dispiaceva al loro re di non haverli potuto far condurre tutti in una volta, per trovarsi alcuni d'essi sparsi per la campagna servendo a loro padroni, ma che non haveva mancato di mandarli a cercare. Al che il sig(no)r du Quesne rispose che dava loro ancora cinque giorni di tempo per condurre il resto degli Schiavi e Schiave. E volendo l'Inviato rientrare in trattato, il sig(no)r du Quesne rispose che infino che gli Schiavi non fossero restituiti tutti, non haverebbe mai dato orecchie ad alcuno negoziato; al che l'Inviato pregollo almeno, in nome del suo Re Babassam, di volerli rendere quel capitano de Vascello, ch'haveva preso il sig(no)r de Leri, essendo huomo di marca e di celebre Parentado in Algieri; senza di che assicurò che i popoli haverebbero tagliato la testa al Re, e che la vita di questo era nelle sue mani. Ciò non ostante, il sig(no)r du Quesne gl'el recusò, ma poi lo mandò per regalo al Re Babassam, e stimò fare questo per corrispondere a tante Civiltà e regali di diversi rinfreschi che il sud(det)to Re gl' haveva fatto piu volte in sud(det)to tempo di negoziato, et in termine delli cinque giorni assegnati, condussero cinque cento e cinquanta sei Schiavi, tra quali v'erano molti di diverse nazioni, con il numero di quattro o cinque donne; non essendovene restati che qualche poco numero per disgrazia loro, poiche si trovavano

---

torze ou quinze chaloupes, et, malgré la tempête, ils s'exposèrent à un péril évident pour tenir leur promesse. Le même envoyé qui avait été député à M. Du Quesne, accompagna les divers convois; il dit au général que leur roi regrettait de n'avoir pu rendre tous les esclaves à la fois, car il y en avait d'épars dans la campagne pour le service de leurs patrons, mais qu'il n'avait pas manqué d'envoyer à leur recherche.

M. Du Quesne décida de donner encore cinq jours pour amener le reste des esclaves, hommes ou femmes. L'envoyé tenta une fois encore de parler de traité. M. Du Quesne répliqua que, tant que les esclaves ne seraient pas tous rendus, il ne prêterait l'oreille à aucune proposition. L'envoyé insista. au nom de son roi Baba-Hassan, et pria qu'on voulût rendre du moins le capitaine de vaisseau pris par M. de Lhéry; c'était, disait-il, un homme de marque bien apparenté à Alger; le refus de M. Du Quesne pouvait pousser le peuple à faire tomber la tête du roi, dont la vie se trouvait ainsi entre les mains du général français. Malgré ces graves raisons, M. Du Quesne refusa tout d'abord; mais, un peu plus tard, il renvoya le capitaine au roi Baba-Hassan, voulant répondre ainsi aux avances de celui-ci et aux rafraîchissements variés qu'il en avait reçus plusieurs fois pendant les négociations. A la fin des cinq jours fixés, les Algériens avaient ramené cinq cent cinquante-six esclaves, dont un bon nombre n'appar-

lontani dalla Città dieci o dodici giornate, e gli detti Schiavi venuti confirmorono la consternazione e distruzione della Città, ch'havevano causato le Bombe in quelle sole due notte.

Li 3 di Luglio, il sig(no)r du Quesne nominò gl' ostaggi che dovevano andare all' una et all' altra parte per convenire degl' articoli della pace. Benche questa nominatione fece restare poco sodisfatti gl' Algerini, cominciandosi ad accorgere che tutti gl' avanzi ch' havevano fatti di renderci gli Schiavi erano contati per niente, subito pero ubidirono con inviare Mezzomorto Admiraglio delle Galere et Aly Reys Capitano de Vascelli, et il sig(no)r du Quesne gli mandò per sua parte il sig(no)r Aietet Commessario Generale della Marina, et il sig(no)r de Combe ingegniere celebre.

Et arrivati che furono a terra, andorono subito al consiglio che lo fanno per ordinario nella Casa del medesimo Re, dove gli fecero molte Civiltà e carezze, e doppo di questo si ritirorono nella Casa del Padre Vascese; e fu deputato dal Re il sig(no)r Stella che è un huomo che tengono per ordinario in quella Città li mercanti del Bastione francese, lontano di là cento leghe, acciò dovesse portare l'Ambasciate avanti e dietro per non dare maggiore incommodo a detti ostaggi. Et il sig(no)r Aietet rispose al detto Stella ch'haveva ordine di non parlare delle pretensioni del sig(no)r du Quesne che

---

tenaient pas à notre nation, et quatre ou cinq femmes [1]. Il n'en restait, pour leur malheur, que quelques-uns éloignés de dix ou douze jours de marche de la ville. Les esclaves libérés confirmèrent la consternation du peuple et la destruction de la ville causée par les bombes pendant les deux nuits précédentes.

Le 3 juillet, M. Du Quesne désigna les otages qui devaient être donnés par les deux parties, pour convenir des articles de la paix. Cette nomination satisfit peu les Algériens qui commençaient à s'apercevoir que toutes les avances faites par eux, en nous rendant les esclaves, étaient comptées pour rien. Ils obéirent cependant sans hésiter et livrèrent Mezzomorto, amiral des galères, et Ali Raïs, capitaine des vaisseaux. De son côté, Du Quesne envoya M. Hayet, commissaire général de la Marine, et M. de Combe, ingénieur bien connu.

Descendus à terre, les deux otages français se rendirent directement au conseil qui se tient d'ordinaire dans la maison même du roi, et où ils reçurent beaucoup de civilités et de caresses. Ils se retirèrent ensuite dans la maison du Père Le Vacher. Le roi leur envoya bien vite le sieur Estella, délégué à Alger des marchands du Bastion de France, qui est éloigné de là de cent lieues environ, en le chargeant de servir d'intermédiaire pour ne pas fatiguer les otages. M. Hayet répondit à Estella qu'il avait ordre de

[1] Une Marseillaise et trois Messinoises. (*Relation* parue dans la *Gazette de France*).

al Re medesimo unito con il Consiglio. A questa risposta restò stupito il Re Babassam, antivedendosi il preludio delle sue disgrazie, che non si potè ri tenere dinon inviare di nuovo il detto messo al sig(no)r Aietet, dicendoli che, se il sig(no)r du Quesne non gli rendeva gli suoi Schiavi reciprocamente come lui haveva fatto, ch' al certo lui sarebbe stato necessitato fuggirsene per evitare maggior male che gli fosse potuto accadere.

Et il giorno delli 15 di detto mese, il Re Babassam, insieme con il consiglio, fece chiamare il sig(no)r Aietet, e nell' entrare che fecero dentro detto Consiglio il Re Babassam disse al publico : «Ecco i deputati francesi che vengono per stabilire la pace tra noi et il loro Imperator», voltandosi all' assemblea. E questi presentarono le loro pretensioni scritte in Francese e Turco, quali furono lette ad alta voce; et a quella lettura parvero tutti attoniti e sbalorditi, che pareva gli fusse cascato il Cielo addosso. Rispondendo il Re a quell'ultimo capitolo solo, il quale era, che dovessero fare venire quei pochi Schiavi che si trovavano fuori per renderli nella maniera sud(det)ta, dicendo : «Sono prontissimo a mantenere quant' ho detto, ma è ben giusto ch' io ribabbia li miei ancora»; e che non haverebbe mancato

---

ne parler des conditions de la paix qu'au roi lui-même en présence du conseil. A cette réponse, Baba-Hassan resta stupéfait; il commença à entrevoir ses futures disgrâces. Il ne put s'empêcher cependant d'envoyer de nouveau e même messager à M. Hayet pour lui dire que, si M. Du Quesne ne lui rendait pas les esclaves algériens, comme lui-même avait fait des esclaves rançais, il se verrait dans la nécessité de fuir pour éviter de plus grands maux.

Le 15 [1] de ce mois de juillet, le roi Baba-Hassan, d'accord avec le conseil fit appeler M. Hayet et, comme les otages français pénétraient dans la salle le roi Baba-Hassan dit au public : «Voici les députés français qui viennent établir la paix entre nous et leur empereur», et il se tourna vers l'assemblée. Hayet et de Combe présentèrent les conditions de la paix écrites en français et en turc; lecture en fut donnée à haute voix. En l'écoutant, tous parurent stupéfaits et abasourdis, on aurait dit que le ciel était tombé sur leurs épaules. Le roi, se contentant de répondre au dernier article qui rappelait l'obligation de faire venir et de rendre, de la manière dite plus haut, le petit nombre d'esclaves qui se trouvaient hors de la ville, s'exprima ainsi : «Je suis tout prêt à maintenir ce que j'ai dit, mais il est bien juste que je rentre aussi en possession de mes esclaves.» Et il ajouta qu'il n'avait pas

[1] Il faut conclure de ce récit que les otages français Hayet et de Combe restèrent chez M. Le Vacher du 3 au 15 juillet sans rien faire, attendant toujours d'être appelés au Divan et refusant de faire connaître leurs instructions. Ce point, resté obscur dans différentes relations, est conforme à l'assertion de Mezzomorto qui déclara être resté 15 jours à bord du vaisseau amiral.

di fare questa propositione al sig(no)r du Quesne; e cosi terminò questo
consiglio senza decidere alcun' altra cosa.

Il giorno seguente, essendosi riunita l'Assemblea di nuovo fecero chiamare li nostri deputati, li quali dissero ad alta voce che volevano risolu-
tione di quanto domandavano, e particolarmente del primo capitolo, ch' era
di doverci reintegrare d'otto cento mila scudi per pagare tutti li Bastimenti
ch' havevano presi ai mercanti francesi. A questo tuono di voce non si potè
ritenere il Re Babassam di mettersi le mani al viso per non fare vedere la
sua debolezza del pianto, senza poter proferire parola, e doppo qualche
tempo rispose : «Quest' è impossibilissimo perche queste prese sono state
spartite tra diversi particolari della Città» ; dicendo ancora che stupiva di
tutte q(ues)te domande, mentre credeva che la restituzione de Schiavi fosse
bastante sodisfazione al sig(no)r du Quesne: credendo che questo fosse il
primo articole della pace, non essendovi esempio in Algieri d'haver fatto
un si grand avanzo ad alcuna nazione d'Europa. Il sig(no)r Aietet rispose
per parte del sig(no)r du Quesne, che era al Re Babassam di far si restituire
le cose a chi n'havesse profittato, mentre era giusto che gli restituissero
questo denaro, poiche loro erano stati li primi a rompere la pace, e fare
di prese sopra di noi in tempo che si passava buona corrispondenza, e che
gli pareva tempo dovessero pagare il loro errore commesso, dandoli tempo
a rispondere ancora un altro giorno, altrimenti haverebbe eseguito il suo

---

manqué d'en faire la même proposition à M. Du Quesne. Ainsi se termina
ce conseil sans rien décider.

Le lendemain, l'assemblée réunie de nouveau fit appeler nos députés.
Ceux-ci déclarèrent à haute voix qu'ils voulaient une réponse à leurs différentes demandes, en particulier à l'article premier, qui exigeait le versement
de 800,000 écus pour payer les divers bâtiments pris aux marchands
français. A ces mots, le roi Baba-Hassan ne put s'empêcher de se mettre les
mains sur le visage, pour cacher sa faiblesse et ses larmes. Après être resté
un certain temps sans pouvoir proférer une parole, il répondit : «Cela est
tout à fait impossible, parce que ces prises ont été réparties entre divers
particuliers de la ville.» Il dit encore qu'il ne revenait pas de toutes ces
demandes, lui qui croyait que la restitution des esclaves était une satisfaction suffisante donnée à M. Du Quesne; il avait regardé cette restitution
comme le premier acte de la paix, car il n'y avait pas d'exemple à Alger
d'une avance si considérable faite à une nation de l'Europe. M. Hayet répliqua, au nom de M. Du Quesne, que c'était au roi Baba-Hassan à exiger
des restitutions de ceux qui avaient profité des prises; il était juste qu'ils
payassent cette somme, parce qu'ils avaient été les premiers à rompre la
paix et à faire sur nous des prises, à un moment où les relations étaient
bonnes entre les deux pays, le moment était venu de payer pour l'erreur

generale la commissione che haveva del suo Imperatore di Francia, e che lui si sarebbe retirato, e gl' haverebbe rimandato i loro ostaggi.

A questo rispose il Bassa ch' occupa il primo luogo nell' Assemblea doppo il Re, dicendo che gl' ordini che si donano ordinariamente da sovrani a loro Generali non sono mai positivi e limitati, e che poteva il sig(no)r du Quesne temporeggiare e pigliare de mezzi termini, ch' havesse potuto aggiustare detto negozio, et aggiunse a questo il Re Babassam, con le lacrime agl' occhi, che non haverebbe mai aspettato une ricompensa simile dal sig(no)r du Quesne, e che pensava di mandare a dirittura in Francia per domandare giustitia all' Imperatore contro il sig(no)r du Quesne, e per haverli trattati cosi malamente. Risposero gli nostr' ostaggi che non haverebbe potuto mai fare cosa megliore, che di ricorrere a S(u)a M(aes)tà sdegnata con molta ragione de' mali portamenti ch' havevano fatto contro li suoi sudditi, e che fin che non havessero reso tutti gli danni e prede fatte che non n'era luogo di sperare la pace.

Il P(adr)e Vaschese che si ritrovava in questa mattina al medesimo Consiglio non mancò d'adoprarsi e dare ad intendere a quei Barbari il modo per contentare il sig(no)r du Quesne: ma tutto pero in vano, e nel medesimo tempo supplicò il Re insieme con il Consiglio di volerli dare licenza

---

commise; il lui donnait encore un jour pour répondre: passé ce temps, le général exécuterait les ordres qu'il avait reçus de l'empereur de France, et lui, négociateur, se retirerait et renverrait les otages.

À cette réponse, le Pacha, qui occupe la première place dans l'assemblée après le roi, répliqua que les ordres donnés ordinairement par les souverains à leurs généraux n'étaient pas aussi positifs et aussi précis; que M. Du Quesne pouvait temporiser, prendre des moyens termes, arranger cette affaire [1]. Le roi Baba-Hassan ajouta, les larmes aux yeux, qu'il ne se serait jamais attendu à un pareil procédé de la part de M. Du Quesne, qu'il songeait à envoyer directement en France pour demander justice à l'empereur contre le général qui les avait si fort maltraités. Nos otages lui répondirent qu'il ne pouvait rien faire de mieux que de recourir à Sa Majesté, qui n'avait que trop de motifs d'indignation contre les mauvais procédés employés à l'égard de ses sujets; qu'aussi longtemps qu'ils n'auraient pas réparé tous les dommages et rendu toutes les prises, il n'y avait pas lieu d'espérer la paix.

Le Père Le Vacher se trouvait ce matin-là au Conseil; il ne manqua pas de s'employer à faire comprendre à ces barbares la manière de contenter M. Du Quesne, mais tout fut inutile; aussi supplia-t-il en même temps le roi

---

[1] Cette version est conforme au récit donné dans le *Mercure galant*, aoust 1683, p. 298.

per imbarcarsi, già che vedeva la rottura evidente che ne sarebbe seguita.
Il Re Babassam gli rispose che si maravigliava che parlasse in questa Forma,
mentre l'aveva sempre stimato tanto in tempo di Guerra come di Pace, e
cosi l'assemblea si separò: et il Re Babassam essendo ritornato alla sua
casa, si fermò dentro d'una camera, senza voler già mai vedere alcuno,
nemeno la sua moglie et i suoi figli.

Il giorno delli 17, il sig(no)r Stella, che era stato dal sig(no)r du Quesne,
ritornò nella Città, e portò ordine al sig(no)r Aietet et al sig(no)r de Combe,
nostri Ostaggi, che doveis erotornare subito, et havendo ricevutò quest' ordine andorono a pigliare licenza dal Re Babassam che gli replicó le medesime cose, dicendoli l'impossibilità di darli questo denaro, a causa d'un
evidente ribellione che per sicuro gli sarebbe arrivata, e lo pregò di volere
stare ancora un altro giorno, per potere deliberare con un poco piu di
tempo quello si doveva fare, ed aggiunse ch' haverebbe potuto mandare il
suo camerata de Combe e fare rivenire Mezzomorto Admiraglio, uno degli
suoi ostaggi, essendo quest' un huomo assai potente che forse lui haverebbe
potuto trovare qualche espediente, e cosi il sig(no)r Aietet stimò bene di
fare per contentare il re Babassam rimando il sig(no)r de Combe et egli restò.

---

et le Conseil de vouloir lui permettre de s'embarquer, car il voyait avec
évidence que la rupture allait suivre. Le roi Baba-Hassan lui répondit qu'il
s'étonnait de l'entendre parler de la sorte, lui à qui il avait toujours
témoigné une grande estime et en temps de guerre et temps de paix [1], et
sur ces mots l'assemblée se sépara. Le roi Baba-Hassan, rentré chez lui,
s'enferma dans ses appartements et ne voulut voir personne, pas même
sa femme et ses enfants [2].

Le 17, Estelle, qui était allé auprès de M. Du Quesne, revint en ville et
porta l'ordre à MM. Hayet et de Combe, nos otages, d'avoir à remonter
à bord aussitôt. Ceux-ci allèrent en demander l'autorisation au roi Baba-
Hassan qui leur répéta les mêmes choses que la veille, l'impossibilité de
donner l'argent en question, et l'imminence d'une révolution qui éclaterait
sûrement contre lui si on insistait. Baba-Hassan pria M. Hayet de vouloir
rester encore un jour, pour pouvoir délibérer avec un peu plus de temps sur
ce qu'il y avait à faire. Il ajouta qu'il pouvait renvoyer son compagnon de
Combe et faire revenir l'amiral Mezzomorto, un des deux otages algériens.
homme assez puissant, disait-il, pour trouver quelque expédient dans les
circonstances présentes. M. Hayet jugea bon d'agir de la sorte pour contenter
le roi Baba-Hassan; il renvoya donc de Combe, et lui-même resta à Alger.

[1] La nuance de la réponse de Baba-Hassan à M. Le Vacher donnée ici nous
paraît plus vraisemblable que celle des autres relations.

[2] La relation du *Mercure galant* emploie des termes presque pareils.

Il sig(no)r du Quesne approvò quanto il sig(no)r Aietet haveva fatto, rimandando il medesimo Mezzomorto quale gli disse che haveva gusto di ritornare in Algieri, per potere negoziare con i suoi adherenti la sodisfazione che il sig(no)r du Quesne domandava. Et appena arrivato a terra andò al consiglio e disse al Re Babassam ch' il giorno appresso haverebbe visto lui di potere aggiustare e sopire tutte queste difficoltà; ma tosto fece tutto il contrario, andando per tutta la Città e dicendo a tutti che il loro Re Babassam haveva fatto un negoziato si ignominioso per tutta la loro nazione, imprimendo negli spiriti di tutti la risoluzione che bisognava pigliare, di punire con la perdita della vita questo loro Re che non meritava simile carattere, e che haveva restituiti gli schiavi senza farsi rendere i loro, e ch' haverebbe havuto ancora l'ardire di contentare il sig(no)r du Quesne con renderli e roba e denaro. Questo discorso fu approvato da tutt' il popolo e particolarmente dalla Taiffa, e fecero molte converticole per andare ad insultare il Re. Et a 2 hore di notte ritornando il povero Babassam dalla visita, che faceva ogni giorno delle Batterie del molo gli tiroróno quatro moschettate: et un chiaous ch' era insieme con lui fu ucciso in un medisimo tempo, e gettatosegli addosso quei barbari li fecero subito la testa, e l'alzorono in trionfo facendola vedere a tutt' il popolo, et il Tumulto fu si grande nella Città, che gridavano tutti con approvare la morte di detto huomo, e nel medesimo tempo s'intesero le voci populari gridando : «Viva il Re

---

M. Du Quesne approuva tout ce qu'avait fait M. Hayet et renvoya Mezzomorto. Celui-ci déclara en partant qu'il était heureux de retourner à Alger pour pouvoir négocier avec ses partisans les satisfactions réclamées par le général français, et, à peine arrivé à terre, il alla au Conseil et dit au roi Baba-Hassan que le lendemain il verrait les moyens d'arranger et d'aplanir toutes ces difficultés. Mais il fit aussitôt le contraire : il se répandit par la ville, répéta à tous que le roi Baba-Hassan avait conclu un traité ignominieux pour la nation, et imprima dans les esprits comme nécessaire et urgente la résolution de punir de mort Baba-Hassan, devenu indigne, disait-il, de sa charge pour avoir rendu les esclaves français sans exiger les esclaves algériens, et pour vouloir encore contenter M. Du Quesne, en lui restituant marchandises et argent. Ces discours eurent l'approbation du peuple et particulièrement de la Taïffe; des attroupements furent organisés pour aller insulter le Roi; et à deux heures de la nuit, tandis que le pauvre Baba-Hassan revenait de la visite qu'il faisait chaque jour aux batteries du môle, ces barbares tirèrent sur lui quatre coups de mousquet, tuèrent un chaouch qui était à ses côtés, puis, se jetant sur lui, lui coupèrent la tête qu'ils élevèrent triomphalement pour la montrer au peuple. Le tumulte fut grand dans la ville, tout le peuple vociférait, approuvait la mort de Baba-Hassan et mêlait en même temps les cris de : «Vive le roi

Mezzomorto!» E non fecero altra funzione per eleggere un nuovo Re, mentre fu pigliato il detto Mezzomorto e condotto per tutta la Città, gridandoli all' intorno : «Viva il Re Mezzomorto!» e doppo lo condussero al Divan, dove fu vestito degl' habiti regli. Et il giorno appresso all' alba, mandò a chiamare il sig(no)r Aietet nostro Ostaggio, imponendo li d'andare dal sig(no)r du Quesne, e darli parte della sua elezione, e di quant' era passato con complimentarlo, e farli altre cerimonie; e così fece il sig(no)r Aietet. Andò subito a fare detto Complimento e speditosi da Questo, fu rimandato in Algieri con quel Aly Ostaggio loro che era restato nelle nostre mani, con haverli dato commissione di non parlare d'alcuno negozio, ma solo di rispondere al compli(men)to che Mezzomorto gl'haveva fatto. Et arrivato fu ricevuto cortesemente, con parole obliganti; entrandoli subito nel negozio dicendo che sarebbe stato necessario d'havere qualche poco di tempo per poter risolvere si che cosa doveva fare in ordine alla sodisfazione che pretendeva il sig(no)r du Quesne, gli rispose il sig(no)r Aietet che lui non era ritornato per trattare alcuno negozio, ma solo per complimentarlo, e così pigliò licenza e se ne ritorno alla nostra armata. Et in questo giorno

---

Mezzomorto!» Ils ne firent pas d'autre cérémonie pour se donner au nouveau roi. Ils prirent Mezzomorto, le conduisirent par toute la ville aux cris de : «Vive le roi Mezzomorto!» puis l'introduisirent au Divan où il revêtit les habits royaux.

Le lendemain, à l'aube, le nouveau roi fit appeler M. Hayet, notre otage, et le chargea d'aller trouver M. Du Quesne pour lui faire part de son élection et de tout ce qui s'était passé et aussi pour le complimenter et lui présenter ses devoirs. M. Hayet se rendit à ses désirs. Il alla aussitôt trouver M. Du Quesne, qui le renvoya bientôt à Alger avec Ali, le second otage resté jusque-là entre nos mains; il avait ordre de ne parler en rien de négociation, mais seulement de répondre au compliment fait par Mezzomorto. Arrivé au palais, il fut reçu poliment avec des paroles obligeantes. Mezzomorto, entrant tout à coup en matière, déclara qu'il faudrait un certain temps pour décider ce qu'il y avait à faire relativement à la satisfaction que prétendait M. Du Quesne. M. Hayet répondit qu'il n'était pas venu pour traiter d'affaires, mais seulement pour complimenter le nouveau roi, et, prenant aussitôt congé, il retourna à bord.

Ce jour-là, Alger se livra à une fantasia, coups de canons, décharges de mousqueterie et autres démonstrations en usage dans le pays pour le couronnement du roi. Ce jour-là aussi arrivèrent les galères parties de Marseille depuis si longtemps [1].

---

[1] «Elles arrivèrent le 14 et mouillèrent derrière les vaisseaux au sud de la ville.» (*Mercure galant*, aoust 1683, p. 289.)

turono fatte l'allegrezze di spari, salve di moschettate, et altre dimostra-
zioni al loro uso per la coronazione del loro Re; et in questo giorno, giun-
sero le nostre Galere doppo tanto tempo ch' erano partite di Marsiglia.

Il giorno appresso delli 19, il Re Mezzomorto invio il sig(no)r Stella con
una ambasciata al sig(no)r du Quesne, dicendoli : che il suo Antecessore
non haveva mantenuto alcuno privilegio de Turchi, che non doveva per
questo trovare mal fatto se lui non inviava altri ostaggi par la negoziazione
della pace, e gli chiedeva di nuovo in scritto le sue pretensioni, che subito
esaminate gl' haverebbe fatto risposta, il che il sig(no)r du Quesne sodisfece
con inviarlele per il medesimo. Il giorno delli 20 fu passato senz' alcuno
negoziato ne dall'una, ne dall'atra parte, facendo di già preparare il sig(no)r
du Quesne per Bombardare di nuovo, et aspettò fin alli 21.

E la mattina a buon hora non havendo visto tornare alcuna risposta,
essendo passato il termine ch'haveva loro assegnato, messe il Paviglione
rosso, comme fecero tutti gl'altri Vascelli della Armata, e fece tirare due
tiri di cannone a palla alla volta della Città, quale subito ci rispose nella
medesima maniera, con inalborare lo Stendardo rosso, e tirare molti tiri
di Canone, è la sera di questo medesimo giorno essendo propria per tirare
bombe, furono distaccate dodici Galere, sette delle quali dovevano rimburchiare le sette nostre Galeotte, e cinque altre dovevano spallegiare le scia-

---

Le lendemain 19, Mezzomorto envoya à M. Du Quesne M. Estelle [1] pour
engager des pourparlers; il prétendait que son prédécesseur n'avait pas
maintenu les privilèges des Turcs; dès lors, M. Du Quesne ne devait pas
trouver mauvais qu'il n'envoyât pas d'autres otages pour la négociation
de la paix; il lui demandait de nouveau par écrit ses prétentions: à peine
les aurait-il examinées qu'il se hâterait de répondre. M. Du Quesne ac-
quiesça et envoya de nouveau les conditions de la paix.

La journée du 20 se passa sans aucune démarche ni d'un côté, ni de
l'autre : mais M. Du Quesne préparait un nouveau bombardement, il attendit
jusqu'au lendemain 21.

Le matin de bonne heure, aucune réponse n'ayant été rendue et le
terme fixé pour l'ultimatum étant expiré, il ordonna d'arborer le pavillon
rouge qui flotta bientôt sur tous les vaisseaux; en même temps il fit tirer
dans la direction d'Alger deux coups de canon à balle, la ville répliqua
immédiatement de la même manière, arbora le pavillon rouge et tira plusieurs coups de canon. Le soir, le temps paraissant favorable pour lancer
des bombes, douze galères [2] furent détachées, sept à la remorque des sept

[1] «M. d'Estelle», nous l'avons vu, était agent à Alger de la Compagnie de la
pêche du corail établie au Bastion de France. (*Mercure galant*, aoust 1683.)

[2] Jusque-là mouillées à l'abri du cap Matifou. (*Ibid.*, p. 314.)

luppe, con mettersi alle due ali in luogo dove erano situati li due vascelli
già accennati, e ne furono spedite quattro altre subitamente per andare al
Bastione di Francia, che si trova lontano cento leghe da questa Città per
prendere tutti li mercanti e negozianti che si trovavano in detto luogo,
essendo il numero di piu di quattro cento, temendo il sig(no)r du Quesne,
che quei cani non haverebbero mancato di farli schiavi contro tutti li privi-
legii che loro medesimi hanno fatto a detti mercanti.

Fatto la notte, fu data la marcia alle Galeotte ch'insieme con tutte le
Scialuppe armate, e quattro d'esse havevano li mortari per potere tirare
di carcasse, s'accostorono alla Città a tiro di Pistola e dovevano essere cosi
vicine a causa di mettere il fuoco alli loro Vascelli, che erano nel Porto,
et in questo tempo che tutta la nostra armata era in marcia per portarsi,
ogn'uno nel suo luogo, gl' inimici tiravano continuamente prodigiosa
quantità di Cannonate, a segno che il gran fuoco ci faceva parere giorno
formato quella notte. E tanto piu loro s'ostinavano a tirare, quanto che
sentivano il romore de remi delle Galere, che s'accostavano alla Città, e
ciascheduna delle Scialuppe carcassiere n'haveva quattro altre armate che
dovevano accodirci in caso di bisogno, e nella medesima maniera erano
servite le Galeotte dalle Scialuppe armate.

---

galiotes, cinq au soutien des chaloupes et au flanquement des deux ailes,
là où précédemment étaient placés les deux vaisseaux dont il a été parlé.
Quatre furent dirigées en toute hâte sur le Bastion de France, situé à cent
lieues d'Alger, pour recueillir les marchands et négociants qui s'y trouvaient au nombre de plus de quatre cents. M. Du Quesne craignait que ces
chiens ne les réduisissent en esclavage, malgré tous les privilèges qu'eux-
mêmes leur avaient consentis.

A la nuit, l'ordre de marcher fut donné aux galiotes et aux chaloupes
armées. Quatre d'entre elles, portant les mortiers pour tirer des carcasses,
s'approchèrent de la ville à la portée du pistolet, afin de mettre le feu aux
vaisseaux enfermés dans le port. Tandis que notre armée était en marche
et que chacun allait occuper le poste qui lui était assigné, les ennemis
faisaient un feu roulant de canonnades et si vif qu'il donnait l'illusion de
la lumière du jour. Ils s'obstinaient d'autant plus à tirer qu'ils entendaient
le bruit des rames des galères qui s'approchaient de la ville. Chaque chaloupe chargée de carcasses[1] était suivie de quatre autres chaloupes armées

---

[1] «Les quatre chaloupes destinées pour en tirer étoient commandées par
MM. de Pointy, de La Guiche, de Courtagnon et le marquis d'O. Elles étoient
soutenues par quatre autres chaloupes que commandoient MM. de Brucourt, de
Gombaud, le chevalier d'Amfreville et le marquis de Chasteaumorand» (*Mercure
galant*, aoust 1683, p. 317.)

Subito che furono tutte ne suoi luoghi, fu dato dal sig(no)r du Quesne il segno di Bombardare, che si cominciò tre hore avanti la mezza notte, e le nostre Galere che rimburchiavano le Galeotte furono molto incomodate dalle Cannonate che perrecodi molta gente; le bombe riuscivano maravigliosamente, mentre non v' era alcuna Galeotta che non ne tirasse due per volta, e si vedeva sette e otto bombe per aria tutte cascare nelli megliori siti della Città, facendo effetto miracoloso; le Carcasse poi riuscivano ancora bene, mentre si viddero dar fuoco a due o tre Vascelli che, se non erano in tempo a rimediare, gl'haverebbero abbruciati tutti, è quello che rendeva maggiore stupore a quei cani era di vedere tirare di Carcasse di così vicino alle muraglie, senza potervi rimediare, facendo dal canto loro tutto il possibile, mentre havevano schierati sopra le dette muraglie, come, sopra gli scogli che sono fuori de dette muraglie. Tutta la soldatescha che faceva continue salve di moschettate sopra le nostre povere scialuppe, ma non per questo vedevano cessare di tirare bombe, benche non si puol negare, che in dette scialuppe si perdesse quantità di gente, non tante però quante se ne sarebbe dovuto perdere, stando così vicini alla città. In fine, non si puol credere la quantità del fuoco, che facevano sopra di noi, cosa difficile a spiegarsi, e furono contati in questa notte più di due mila tiri di Cannone con infinito numero di moschettate. E doppo havere tirato tutta la notte in questa maniera dall'una e l'altra parte, alla punta del

---

prêtes à le défendre en cas de besoin, et de même chaque galiote était soutenue par des chaloupes armées.

Dès que les diverses unités eurent gagné leur poste, M. Du Quesne donna le signal du bombardement, qui commença trois heures avant minuit. Nos galères, chargées de remorquer les galiotes, furent très incommodées par la canonnade qui frappa beaucoup de monde. Cependant les bombes réussissaient merveilleusement, chaque galiote en tirait bien deux à la fois, et on apercevait sept ou huit bombes en l'air, éclatant dans les plus beaux quartiers de la ville et y produisant des ravages prodigieux. Les carcasses réussissaient très bien aussi, on les vit mettre le feu à deux ou trois vaisseaux qui auraient brûlé complètement, si les Algériens n'étaient arrivés à temps pour y remédier. Ce qui augmentait la stupeur de ces chiens était de voir lancer les carcasses si près des murailles sans qu'il leur fût possible de s'y opposer malgré les nombreux postes établis sur les murs de la ville et sur les rochers voisins. Toute la soldatesque faisait des salves continuelles sur nos pauvres chaloupes sans parvenir à arrêter le tir des bombes. Cependant on ne peut nier que, dans ces chaloupes, les pertes ne fussent considérables, moins cependant que ne pouvait le faire craindre la proximité des batteries de la ville. Enfin on ne peut croire la quantité de projectiles qui furent lancés contre nous; on le croirait difficilement, on compta cette

giorno, il sig(no)r du Quesne diede il solito segno della ritirata. E il giorno
appresso, non volse piu esporre le Galere, e fece mettere l'ancore conforme
erano le due prime volte, e le Galere solo le fece assistere nelle due ali
riuscendo meglio in questa maniera, e le nostre bombe fecero ancora meglio della sera antecedente, sentendosi il gran romore che facevano quando
crepavano, facendo cadere le case, e dava horrore a sentire la demolizione
d'esse. Le carcasse in questa notte fecero affondare un Vascello che era
dentro il Porto, e misero ancora il fuoco in diversi altri luoghi, e benche
doppo qualche tempo lo spegnessero, non per questo restò di farli gran
danno nella medesima maniera, e col medesimo fuoco ci risposero di continuo. Cosa veramente di stupore in vedere servire cosi bene le batterie,
che non si ricorda mai alcuno havere veduto cosa simile; e doppo sett'o
otto hore di fuoco continuo dall'una e l'altra parte, fu fatta la ritirata con
gran perdita conforme ragionevolmente doveva essere, ma molto piu fu
la loro.

Sequitando le calme, fu continuato la notte delli 23 e 24 sempre piu con
maggior nostro avvantagio e grand'esterminio de nemici, benche si defen-
dessero sempre arditamente, perseco ancora in queste notte uno delli
principali loro Vascelli, e da due o tre barche lunghe, che in un medesimo

---

nuit-là plus de deux mille coups de canon avec une infinité de décharges
de mousqueterie.

Après une nuit entière d'un feu nourri de part et d'autre, à la pointe
du jour, M. Du Quesne donna le signal ordinaire de la retraite. Le lendemain, il ne voulut plus exposer les galères, et, remettant les ancres comme
les deux premières fois, il fit placer les galères aux deux ailes où leur con-
cours était plus utile. Les bombes firent encore plus d'effet que la soirée
précédente; on les entendait crever avec fracas sur les maisons abattues, et
le craquement de ces maisons inspirait de l'horreur. Les carcasses firent
cette nuit couler un vaisseau enfermé dans le port, et mirent le feu en différents endroits; les Algériens réussirent à l'éteindre, sans avoir pu toutefois l'empêcher de causer d'importants dégâts. L'ennemi, comme la veille,
répondit par un feu également violent, et c'était un spectacle vraiment terrifiant que de voir en action toutes ces batteries; personne ne se rappelait
avoir jamais vu chose semblable. Après sept ou huit heures d'un feu roulant entre les deux armées, la retraite s'exécuta; les pertes étaient grandes
des deux côtés, surtout chez l'ennemi.

Le calme continuant, le bombardement fut poursuivi les 23 et 24 juillet, avec un avantage toujours plus marqué de notre part, et des ruines
sans nombre chez l'ennemi. Malgré une résistance toujours vive, celui-ci
perdit encore dans le courant de la nuit un de ses plus beaux vaisseaux et
deux ou trois barques longues qui furent coulées en même temps par nos

tempo furono colate a fondo dalle nostre Bombe; e sopragiunto il mare grosso ci impedì di poter sequitare a bombardare infino alli 26. E in una di queste notte, mentre faceva questo Gran Mare, uno de' Schiavi Algerini, che tenevamo sopra d'un grosso Brullotto, che l'abrucciò tutto nel medesimo instante, et hebbe ad incendiare la maggiore parte delli nostri Vascelli trovandosi nel mezzo di tutta l'armata, e per esimerci da detto pericolo bisognò tagliare ben presto tutte le Gomme e mettersi subito alla vela, per tirarsi fuora nel gran Mare, e slontanarci da detto pericolo.

Il giorno delli 27 abuon mattino, il signor du Quesne fece accostare le Galeotte, havendo risoluto di fare tirare giorno e notte, che riuscì mirabilmente, e meglio forte dalla notte, ma più pericoloso per noi. Con tutto ciò gl' incomodavano assai e davvantaggio a causa il chiaro del giorno gl'impediva di vedere cadere le Bombe, e così ne perivano in maggiore quantità, et in questa maniera si continuò tutto il giorno e tutta la notte, e li giorni sequenti delli 28 e 29, senza darli un minimo intervallo di riposo, che gli fu di grandissimo progiudizio, non lasciarono pero un minimo momento di respondervi con la medesima quantità di Cannonate, cosa maravigliosa a vedersi, che non davana alcuno riposo a loro Cannoni. Non si può pero

---

bombes. La grosse mer revint alors et, jusqu'au 26, nous empêcha de nous livrer au bombardement. Pendant une de ces nuits où la mer était agitée, un esclave algérien que nous tenions sur un gros brûlot[1] y mit le feu pour faciliter son évasion; en un instant le bâtiment fut en flammes, et comme il se trouvait au milieu de la flotte, il menaçait de brûler la majeure partie de nos vaisseaux. Pour éviter un pareil désastre, il fallut bien vite couper les câbles, mettre sans retard à la voile et gagner la haute mer, loin de tout danger.

Le 27 de bon matin, M. Du Quesne fit approcher les galiotes, décidé qu'il était de tirer sur la ville jour et nuit[2]. La manœuvre réussit admirablement, mieux peut-être que la nuit, mais elle fut plus périlleuse pour nous. Ce qui gênait surtout les Algériens, c'était de ne pas voir éclater les bombes à cause de la lumière du jour, d'où un plus grand nombre de victimes dans la ville. Le bombardement continua ainsi jour et nuit les 28 et 29, sans donner à l'ennemi le moindre repos, ce qui lui occasionna le plus grand préjudice. Il ne laissa cependant passer aucun instant sans répondre coup pour coup, et, chose étonnante, toutes ses batteries tiraient sans relâche. De notre côté, on ne peut nier que ces jours-là nous n'ayons perdu plus

[1] Le brûlot de Serpaut. Un canonnier turc, esclave à bord, y mit le feu dans la soirée du 25. (*Mercure galant*, aoust 1683, p. 329.)

[2] Tous les documents sont d'accord pour faire commencer le bombardement de jour le 27 juillet. C'était à l'énergique insistance de Tourville qu'on le devait. — Tourville à Colbert, 30 juillet 1683. (DELARBRE, p. 297.).

negare che in questi giorni noi non perdessimo piu gente del solito, a causa che ci potevamo ben vedere senza perdere alcuno tiro di cannone.

Si videro in un Quartiere della Città dalla parte del Fanale demolite tutte le Case intieramente per la gran forza e gran quantità di bombe, con haverli colato a fondo une delle migliori loro Galere, e sei grosse barche dov' erano piu di tre centò huomini, oltre quelli ch' erano nella galera. Tutte queste relazioni distinte s' hebbero da uno schiavo maltese che fuggi della Città di notte a nuoto con avvisarci ancora, che Mezzo morto haveva scoperto una conspiratione contro di lui di molti Turchi assai stimati nella Città a quali fece tagliare subito la Testa, e di piu, che molti della plebe accusavano il P(adr)e Vascese d'havere fatto un segnale sopra della sua casa con un Stendardo Bianco, dicendo che quest' era un intelligenza ch'haveva con il sig(no)r du Quesne. E portata questa falsa accusa al Re Mezzomorto, lo fece venire subito avanti di lui, dicendoli s' era verò che havesse fatto il suddetto segnale alla nostra Armata, e

---

de monde qu'à l'ordinaire [1], parce que l'ennemi pouvait très bien nous voir et ne tirer aucun coup au hasard.

Tout un quartier de la ville, du côté du Fanal, paraissait complètement démoli, tant étaient puissantes nos bombes et grand leur nombre. En outre, une des plus belles galères ennemies et six grosses barques, montées par plus de trois cents hommes, en dehors de l'équipage de la galère, furent coulées à fond. La relation de tous ces faits nous fut donnée par un esclave maltais qui, pendant la nuit, se sauva de la ville à la nage [2]. Il nous apprit que Mezzomorto avait découvert une conspiration ourdie contre lui par bon nombre de Turcs de renom qu'il fit aussitôt décapiter.

Il nous rapporta en outre que, dans le bas peuple, on avait accusé le Père Le Vacher [3] d'avoir fait un signal avec un drapeau blanc, du haut de la terrasse de sa maison, et d'être d'intelligence avec Du Quesne. Mezzomorto, l'ayant su, fit venir M. Le Vacher en sa présence [4] et lui demanda s'il était vrai qu'il eût donné un pareil signal à la flotte française. M. Le Vacher protesta de son innocence, rejeta comme calomnieuses toutes ces

[1] La liste des 20 morts et des 78 blessés, du 23 mai au 29 juillet, est conservée dans un document officiel, signé de Hayet. (Archives Nat., K. 1355, n° 20.)

[2] La plupart des documents parlent de cet esclave maltais. (*Mercure galant*, aoust 1683, p. 333, etc.)

[3] Le récit de la mort du P. Le Vacher est plus complet dans ce manuscrit que dans aucune autre relation.

[4] La participation de Mezzomorto dans la mort du P. Le Vacher est affirmée par plusieurs documents; ici seulement nous trouvons des détails précis sur le jugement et la condamnation à mort.

rispondendoli ch'era innocentissimo, e che era tutta falsità non havendo mai sognato simile cosa. A questa risposta fece venire avanti di lui gl' accusatori falsi, quali dissero e mantennero la medema falsità che per avanti havevano esposto. E senz' alcuna altro processo e giustificatione, fu condamnato dal medesimo Re su l'instante a farsi Turco, o morire alla bocca d'un cannone. Rispose il bon Padre Vascese molt'intrepido, ch' era padrone bene della sua vita, ma non di farli fare simile indignità di renunciare alla sua buona religione, che moriva volentierissimo per la S(an)ta Fede.

A questa risposta, fu egli preso dalli accusatori medemi, e benche non potesse camminare a causa della podagra che grandemente lo travagliava da quarant'anni e piu, e per la sua vecchiezza, con tutto ciò, piu ignominiosamente che seppero, lo fecero camminare dalla casa dal Re infino alle Batterie del Fanale, ch'è una distanza di piu d'un mezzo miglio. E come che il povero vecchio carico d'una età ottogenaria, non si reggeva piu in piedi, quei cani a forza di calci e di schiaffi lo condussero infino al luogo destinato dove era tutto il popolo radunato, facendoli di nuovo instanza se voleva farsi Turco. Ma il buon vecchio, in vece di rispondere a questo, fece una predica ad alta voce a tutti gli Schiavi Christiani che si trovavano là presenti, esortandoli ad essere sempre fermi e constanti nella S(an)ta Fede; e doppo questo, lo spogliorono delli suoi habiti religiosi e lo misero quasi nudo alla bocca d'un cannone, sostenuto con una tavola ch' era legata al

---

accusations, et affirma n'avoir jamais même songé à une chose pareille. Mezzomorto cita alors les faux témoins qui répétèrent et maintinrent la calomnie formulée précédemment. Sans autre forme de procès et sans preuve, Mezzomorto condamna sur l'heure M. Le Vacher ou à se faire Turc ou à mourir à la bouche d'un canon. Le bon Père Le Vacher répondit avec intrépidité que le roi était bien maître de sa vie, mais non du pouvoir de lui faire commettre une indignité sans nom, comme serait celle de renoncer à sa bonne religion; qu'il mourrait bien volontiers pour la Sainte Foi.

Après cette réponse, il fut saisi par les accusateurs eux-mêmes, et bien qu'il ne pût marcher à cause de la goutte qui le torturait depuis plus de quarante ans, et aussi à cause de son grand-âge, il fut traité avec la dernière ignominie et obligé de se traîner de la maison du roi jusqu'aux batteries du Fanal distantes d'un demi-mille. Le pauvre vieillard, accablé sous le poids de quatre-vingts ans, ne tenait plus sur ses pieds, ces chiens le poussèrent à coups de pied et de poing jusqu'au lieu destiné au supplice et où tout le peuple s'était rassemblé. De nouveau ils le pressèrent de se faire Turc; mais le bon vieillard, au lieu de leur répondre, adressa à haute voix une exhortation aux esclaves chrétiens qui se trouvaient présents, et les engagea à rester toujours fermes et constants dans la Sainte Foi. Alors ils le dépouillèrent de ses habits religieux, le mirent presque nu à la bouche

medesimo; e fecero morire questo s(an)to huomo con questa specie di martirio. Cosi si può pienamente credere, poiche il successo d'una cosa assai prodigiosa ce lo dimostra, che Dio volse palesare nella morte d'un huomo si pio e s(an)to, che con tanta patienza e sofferanza, per lo spazio di quarant' anni e piu, haveva dimorato tra quei barbari per il solo zelo della religione : mentre il medesimo cannone crepò in un instante et amazzò dieci o dodici persone. Quest'è stato ratificato poi da tutti gli s'chiavi generalmente che si sono salvati della città.

Il giorno delli 31, usci un vascello di Sale dal porto della città per mettersi a coperto dalle nostre bombe, et andò a dare fondo sotto il forte di Babassom, et il sig(no)r du Quesne stimò bene di farlo guardare da quattro scialuppe armate per impedirli la partenza. Et una delle scialuppe comandata dal sig(no)r di Sciosoglio uffiziale, huomo di gran qualità, essendosi un poco discostata dall'altre, vide quattro altre scialuppe vicino alla Catena del porto e credendosi che fossero delle nostre, s'accostò

---

d'un canon en l'étendant sur une planche qui y était liée[1] : ils firent ainsi mourir ce saint homme dans [un supplice nouveau], genre particulier de martyre. On peut en effet admettre sans hésiter, puisque un événement tellement prodigieux en est la preuve, que Dieu voulut glorifier la mort d'un homme si pieux et si saint, qui, avec tant de patience, au milieu de souffrances sans nom, pendant l'espace de plus de quarante ans, était resté au milieu de ces barbares uniquement soutenu par le zèle de la religion : le canon, en lui donnant la mort, creva instantanément et tua dix ou douze personnes. Les esclaves qui par la suite se sauvèrent d'Alger ratifièrent tous en général le récit de ces événements[2].

Le 31, un vaisseau de Salé sortit du port d'Alger pour se mettre à couvert de nos bombes, et alla s'adosser sous le fort de Baba-Hassan. M. Du Quesne jugea bon de le faire surveiller par quatre chaloupes armées pour l'empêcher de fuir. M. de Choiseul, officier de réelle valeur, commandait une de ces chaloupes; s'étant un peu éloigné des autres, il vit près de la chaine du port quatre autres chaloupes qu'il crut être des nôtres; il s'approcha d'elles sans défiance et s'aperçut trop tard qu'elles étaient d'Alger. Atta-

[1] Ce détail, qui explique très bien la manière de mettre au canon les condamnés à mort, ne se trouve que dans ce récit. Le P. Le Vacher avait été amené à Mezzomorto par Kara-Mustapha, un de ses compagnons de course. Mezzomorto avait un grief particulier contre notre consul : il ne lui pardonnait pas une intervention auprès du gouverneur d'Alger qui avait obligé le corsaire à restituer une captive de Majorque. (Raymond GLEIZES, *Jean Le Vacher, vicaire apostolique et consul de France à Tunis et à Alger* [1619-1683]. Paris, 1914, in-16, p. 251.)

[2] M. Le Vacher mourut le 27 ou 28 juillet, plus probablement le 28 juillet 1683.

ad esse, e trovò ch'erano d'Algerini, quali subito l'investirono, et essendosi difeso, restó finalmente schiavo, dove fu maltrattato di calci e pugni in faccia. E nell'entrare che fece alla Città questo povero gentiluomo, con gl'altri soldati e marinai di detta scialuppa, ch'erano al numero di venti cinque in tutti, uscirono fuora anco le donne per l'allegrezza e giubilo ch'hebbero di detta presa e per vederlo, e furono subito messi in doppie catene, con le piu grandi tirannie ch'havessero potuto farli.

Alli 3 d'agosto, ritornorono le quattro galere ch'erano state inviate al Bastione francese, quali portorono 430 Francesi che ivi erano per li negozianti, e furono giusto a tempo d'uscire da detto luogo, mentre havevano di già spedito gl'Algerini per farli schiavi. Il giorno appresso delli 4, si salvò un Schiavo Christ(ia)no quale ci portò nuova che gl'Algerini erano arrabiati all'ultimo segno di non essere stati in tempo a pigliare detti mercanti del Bastione. Portò nuova ancora che nella Città v'erano alcuni partiti malsodisfatti del Governo di Mezzomorto, e che di giorno in giorno stavano aspettando una rivoluzione publica, et aggiunse a questo i grandi strapazzi che facevano a quel povero Sciosoglio loro schiavo e nostro

---

qué vivement par elles, il se défendit vaillamment, mais finit par tomber prisonnier. On le frappa indignement à la figure de nombreux coups de pied et de poing. A l'entrée en ville de ce pauvre gentilhomme, entouré des vingt-cinq soldats et marins de sa chaloupe, les femmes elles-mêmes sortirent de leurs maisons pour témoigner de la joie et de l'allégresse que leur causait une pareille capture, et aussi pour voir à leur aise les nouveaux captifs. Ceux-ci furent mis à la double boucle et traités avec la dernière barbarie.

Le 3 août, les quatre galères envoyées au Bastion de France revinrent, ramenant 430 de nos employés de commerce[1]. Elles étaient arrivées juste à temps pour les sauver, car les Algériens avaient déjà envoyé une expédition pour les réduire en esclavage. Le lendemain 4 août, un esclave chrétien fugitif nous apporta la nouvelle de la rage des Algériens, furieux de n'avoir pu arriver à temps pour s'emparer des marchands du Bastion. Il nous apprit encore que dans la ville plusieurs partis n'étaient pas satisfaits du gouvernement de Mezzomorto, et qu'on s'attendait de jour en jour à voir éclater une révolution publique. Il donna aussi des détails sur les outrages dont ces barbares accablaient le pauvre Choiseul, leur esclave et notre

---

[1] Selon le *Mercure galant* (aoust 1683, p. 342), le chevalier de Breteuil, qui commandait le détachement des quatre galères escorté du *Bizarre*, laissa la plus grande partie de ses passagers à Tabarca, où les accueillit gracieusement le Génois Lomellini, qui y résidait.

uffiziale, minnacciandolo di continuo di metterlo alla bocca d'un Cannone, conforme havevano fatto al P(a)dre Vascese.

Un luogotenente d'un vascello inglese ch'haveva portato il nuovo Console della su(det)ta nazione in Algieri, confermò al sig(no)r du Quesne il grand' esterminio e demolizione di Case ch'era in Algieri, e che non si riconoscevano piu le strade, e disse ancora le minaccie che Mezzomorto faceva, dicendo che la prima volta che noi havessimo bombardato di nuovo, haverebbero tirato col canonne quei poveri schiavi ch'havevano preso nella scialuppa, e questo venne ancora confermato dal Console vecchio Inglese. Con tutto questo non impedí pero, che non s'accostassero le galeotte con bombardare, come fecero con le medesima violenza dell'altre volte, e fu seguitato tutto il giorno con buono ordine, mentre vedessimo andare a fondo uno delli megliori loro vascelli.

E su la sera, rivennero dalla città i medesimi Inglesi quali portorono una lettera al sig(no)r du Quesne del nostro povero Sciosoglio uffiziale, che gli rappresentava che quel capitano che il sig(no)r du Quesne haveva reso al Re Babassam della presa del sig(no)r de Leri, era stato quello che gl' haveva salvato la vita, mentre l'havevano di già legato alla Bocca del Cannone, conforme havevano fatto a tutti gl' altri poveri schiavi della medesima presa, e quando volevano mettere il fuoco al Canonne, il sud(det)to Capitano impetrò la grazia per lui, ma non per questo restorono di tirare gl' altri ch'erano

---

officier, le menaçant continuellement de le mettre à la bouche du canon, comme ils avaient fait au Père Le Vacher.

Sur ces entrefaites, un lieutenant anglais qui avait amené à Alger le nouveau consul de sa nation confirma à M. Du Quesne qu'on ne voyait partout à Alger que maisons en ruine, qu'on ne distinguait plus les rues. Il rapporta la menace de Mezzomorto d'envoyer à la bouche du canon les pauvres esclaves pris dans la chaloupe de M. de Choiseul, dès que nous recommencerions à tirer : ces menaces furent confirmées par l'ancien consul anglais. Rien n'empêcha cependant les galiotes de s'approcher de la ville et de reprendre le bombardement; elles le firent avec la même violence que les jours précédents ; et elles continuèrent toute la journée dans un ordre parfait. Pendant ce temps, nous vîmes couler à fond un des meilleurs vaisseaux ennemis.

Sur le soir revinrent d'Alger les mêmes Anglais, porteurs pour M. Du Quesne d'une lettre de notre pauvre de Choiseul. Il racontait que le raïs rendu par M. Du Quesne à Baba-Hassan, que l'ancien prisonnier de M. de Lhéry lui avait sauvé la vie. Il était déjà lié à la bouche du canon ainsi qu'on allait le faire pour d'autres esclaves pris sur sa chaloupe, quand, au moment où on allait mettre le feu, le raïs en question demanda grâce pour lui et l'obtint, ce qui n'empêcha pas de tirer d'autres Français, au nombre

sin al numero di quattordici, con haverli interrogati et esortati prima se volevano rinegare, che in questo caso gl' haverebbero data la libertà, ma questi per la grazia di Dio furono constantissimi nella S(an)ta Fede et a spargere il sangue; senza ne meno pigliare un minimo spavento, et il resto del numero delli 25 gli serborono per il giorno appresso, per farli fare la medesima morte.

Il giorno sequente, si bombardò di nuovo con il medesimo buon successo, et alla ritirata che facessimo, noi medemi vedessimo il martirio del resto degli Schiavi, havendo ancora fatta la grazia all'uffiziale Sciosoglio, havendo saputo la sera per bocca d'un schiavo salvato la maniera di queste loro Barbarie. Il Sig(no)r Dio diede a tutti tanta grazia e constanza, che morsero martiri veri, havendoli di nuovo molto esortati a farsi Turchi con prometterli la libertà.

Tutte le nostre sedici Galere furono rimandate in Francia la sera antecedente; insieme con il convoglio d'altri navi, a causa di mancanza di viveri, non vedendosi comparire ancora il Convoglio che li doveva portare, quali hebbero ordine di ritornare ogni qualvolta havessero rincontrato il loro Convoglio. In tanto noi seguitassimo a bombardare con tutte le nostre forze e vigore per infino agl' 11 di detto mese, che il mare guastatosi non ci per-

---

de quatorze. On les avait interrogés auparavant et exhortés à renier leur foi, en leur promettant la liberté; par la grâce de Dieu, ils étaient restés fermes dans la foi et avaient versé leur sang sans donner le moindre signe d'épouvante. Les survivants des 25 avaient été réservés pour le lendemain et pour le même supplice.

Le lendemain, le bombardement reprit avec le même succès, et en nous repliant pour la retraite, nous-même[1] vîmes le martyre des Français qui restaient à Alger. De Choiseul continua à bénéficier de la grâce précédemment accordée, nous le sûmes le soir même par un esclave qui se sauva à la nage et nous donna des détails sur l'affreux supplice. Le Seigneur avait donné aux Français[2] une telle grâce de fermeté, qu'ils étaient morts en vrais martyrs, après avoir généreusement repoussé une nouvelle exhortation à se faire Turcs et à recouvrer ainsi la liberté.

Deux jours auparavant, sur le soir, nos seize galères avaient été renvoyées en France avec d'autres navires, parce que les vivres manquaient, et qu'on n'avait aucune nouvelle du convoi qui devait les apporter; cependant elles avaient reçu l'ordre de revenir si elles rencontraient ce convoi. Malgré ce départ, nous continuâmes à bombarder la ville, avec toutes nos forces et avec une grande vigueur, jusqu'au 11 de ce mois, jour où l'agi-

[1] L'auteur avait donc pris part, ce jour-là, au bombardement.

[2] Il y eut trois apostasies que l'auteur du récit ignore.

mise di seguitare. Et alli 12 essendosi ricalmato, fu ordinato il solito attacco per bombardare. Ma essendosi accorti gl' Algerini che noi non havevamo piu Galere, fecero uscire di notte, senza che noi ce ne potessimo accorgere, una Galera e quattordici Scialuppe armate con quattro Bregantini quali vennero all' improviso la medesima mattina un hora avanti giorno, nel tempo che le nostre Galeotte s'accostavano al loro posto ordinario per bombardare, et investirono una d'esse, cioè quella che stava su l'ali alla dritta, comandata dal sig(no)r della Berbescia, facendo sopra d'essa un infinito fuoco, e doppo haverla aggrappata con il rampino, trovorono tanta resistenza nel condurla, che non si sarebbero mai imaginati simile cosa, mentre in un medesimo tempo fu soccorta dall'altre nostre scialuppe del mezzo; e fu principiata una scaramuccia che durò piu di tre hore dove furono necessitati a ritirarsi molto maltrattati, havendoli, per quello s'è saputo poi, ammazati piu d'ottant'huomini, et altri e tanti feriti, la maggior parti uccisi su la Galera dalle granate, et la piu gran perdita che da nostri si fece di considerabile furono quattro Uffiziali principali, tra quali vi fu il medesimo sig(no)r della Berbescia, capitano della medema galeotta, e da trenta e piu tra soldati e volontarii. Non restassimo pero di proseguire la nostra marcia e di bombardare al solito senza arrestarsi, benche seguitassimo a scaramucciare sempre con detta Galera e Scialuppe Turche. In fino alla sera, facendoci sempre de falsi attacchi dall'una e l'altra parte, per

---

tation de la mer nous obligea à interrompre nos manœuvres. Le 12, le calme revenu, l'ordre de reprendre le bombardement fut donné. Les Algériens, voyant que nous n'avions plus de galères, firent sortir de nuit, sans que nous ayons pu nous en rendre compte, une galère, quatorze chaloupes armées et quatre brigantins qui apparurent à l'improviste le matin, une heure avant le jour, au moment où nos galiotes gagnaient leurs places ordinaires pour le bombardement. Ils en attaquèrent une, celle qui se tenait à l'aile droite, commandée par M. de La Bretèche, dirigèrent sur elle un feu d'enfer et réussirent à l'accrocher avec un grappin. Mais ils rencontrèrent, quand ils voulurent l'entraîner, une résistance à laquelle ils étaient loin de s'attendre, et en même temps ils virent arriver à son secours nos autres chaloupes du centre de la ligne. L'action dura plus de trois heures; ils furent obligés de se retirer très maltraités, ayant eu, nous l'apprîmes dans la suite, plus de quatre-vingts tués et autant de blessés, la plupart sur la galère, à coups de grenades. De notre côté, nous fîmes la perte sensible de quatre officiers principaux, parmi lesquels M. de La Bretèche, capitaine de la galiote, et de trente hommes au moins, entre soldats et volontaires. Nous n'en continuâmes pas moins notre marche et le bombardement ordinaire, sans nous laisser distraire par la nécessité d'échanger continuellement des coups de feu avec la galère et les chaloupes turques. Sur le

vedere se in qualche maniera havessero potuto portare avvantagio sopra di noi, ma tutto pero in vano, mentre gli rispingessimo sempre, e gli repulsassimo da tutti loro dissegni.

E la notte si salvò uno schiavo quale ci porto nova di tutta la perdita sud(det)ta ch'havevano fatto, e la collera e rabbia ch'haveva il re Mezzomorto, havendo privato di carica quel capitano della loro Galera, insieme con gl'altri che comandavano i Bregantini e Scialuppe, con dire ancora che s'era offerto un rinegato con depositare la sua vita medesima, di volere in tutte le maniere far preda d'una delle Galeotte, la prima volta che noi ci fussimo accostati. Il sig(no)r du Quesne sentendo quest'avviso diede ordini precisi a preparativi che si dovevano fare per la difesa, e tra gl'altri fece consegnare otto Scialuppe con il Cannone in modo di corsia, acciò potessero battere l'inimico con maggiore forza, essendo cannoni di dodici libbre de palla: e fece ancora preparare le Galeotte con diversi fuochi d'artificio, che in caso chez l'havessero attaccate si fussero potute difendere da loro medesime, havendoli ancora accresciuto il numero de soldati. E così con questo bel preparativo e buon ordine, fu fatta la marcia il giorno delli 14, marciando le Scialuppe in ordine di battaglia, marciando spartite in tre corpi di guardia, che in tutte facevano il numero di quaranta. E subito che le Galeotte furono alla marcia, vedessimo uscire gl'inimici con la medesima Galera, Scialuppe e Bregantini, che facevano il numero di dicianove legni, marciando alla volta nostra in buono ordine, con havere inalberato

---

soir, l'ennemi simula contre nous des attaques tantôt sur une aile et tantôt sur l'autre, pour essayer de remporter quelque avantage; mais tout fut inutile, nous le repoussâmes partout et fîmes échouer ses projets.

Pendant la nuit, un esclave ayant réussi à se sauver nous apprit les pertes ennemies, et la colère, que dis-je, la rage du roi Mezzomorto qui avait privé de leur commandement les capitaines de la galère, des brigantins et des chaloupes. Il ajouta qu'un renégat s'était fait fort, au péril de sa vie, de s'emparer d'une manière quelconque d'une galiote, lors de notre prochaine approche.

M. Du Quesne, avisé de ces propos, donna des ordres précis pour organiser la défense. Entre autres précautions, il fit armer huit chaloupes, le canon disposé comme le coursier des galères; pour qu'elles pussent battre l'ennemi avec plus de force, les canons étaient du calibre de douze livres de balles; il fit encore mettre sur les galiotes différents feux d'artifices, pour leur permettre, en cas d'attaque, de se défendre elles-mêmes; enfin il augmenta le nombre des soldats. Ces préparatifs achevés avec un soin minutieux, l'ordre de marcher fut donné le 14: les chaloupes, au nombre de quarante, s'avançaient en ordre de bataille, divisées en trois corps. Puis venaient les galiotes. Dès que celles-ci s'ébranlèrent, nous vîmes sortir les

i loro Stendardi, e quando furono alla meta del cammino si spartirono in due corpi, restando la Galera da una parte con due sole Scialuppe, e l'altro pieno venne ad invertire la nostr'ala dritta, e fare un falso attacco alla nostra Galeotta; ma quando vedero tirare le Cannonate dalle Scialuppe, non gli rese poca maraviglia. Con tutto questo, non mancorono pero di fare il loro possibile con scaramucciare di continuo, con cannonate e moschettate dall' una e l'altra parte, e nel medesimo tempo la Galera investi la nostr'ala manca, ma con poco suo profitto, mentre trovorono una resistenza si grande che non gli diede il quore di proseguire loro dissegno, contentandosi solo d'essere a tiro di moschetto senz'avvicinarsi davvantagio, con tirare continuamente sopra di noi; ma con tutto ciò, non restò da noi di tirare di Bombe nel medesimo tempo et fare di salve continue di moschettate sopra di loro; e così fu sequitato per infino alla nostra retirata che fu su il mezzo giorno.

In questa medesima maniera e buon ordine, continuassimo a bombardare la Cittá tutti giorni, cioè gli sedici, diciasette, venti tre et venti sei, e venti sette, per infino agl'otto e nove del mese di 7bre, sempre con il medesimo impeto e forza. E gl' inimici uscirono tutte le notte nella maniera suddetta a fare di continui assalti per vedere di fare qualche preda sopra di noi, ma furono sempre respinti par la Dio Gratia e maltrattati.

---

ennemis : la galère, les chaloupes, les brigantins du jour précédent, en tout dix-neuf bâtiments avançaient contre nous en bon ordre, étendards déployés. Arrivés à moitié chemin, ils se divisèrent en deux corps: d'un côté, la galère et deux chaloupes seulement; de l'autre, le reste. Celui-ci marchait sur notre aile droite et engageait une fausse attaque contre notre galiote. La canonnade imprévue des chaloupes les stupéfia; cependant ils ne laissèrent pas d'engager de continuelles escarmouches, où l'on se canonna et où l'on se fusilla de part et d'autre. En même temps la galère se jeta sur notre aile gauche, mais sans grand profit, les ennemis qui la montaient rencontrèrent une telle résistance qu'ils n'eurent pas le cœur de s'engager à fond; ils se contentèrent de faire sur nous un feu roulant de leurs mousquets, sans oser s'approcher davantage. Pour nous, nous ne cessâmes de lancer des bombes et de faire des salves ininterrompues de mousquetterie, jusqu'au moment de la retraite, dont le signal fut donné vers midi.

Toujours de la même manière et dans le même ordre, nous continuâmes à bombarder la ville tous les jours, c'est-à-dire les 16, 17, 23, 26, 27 août et jusqu'au 8 et 9 septembre; nous déployâmes toujours la même vigueur et les mêmes forces. Les ennemis sortirent toutes les nuits, de la manière décrite plus haut, ils tentèrent de continuels assauts pour tâcher de faire sur nous quelque prise; mais, par la grâce de Dieu, ils furent toujours repoussés avec pertes.

La Città non si riconosce piu nella sua figura, facendosi conto da tutte
le relazioni che si sono havute degli schiavi fuggiti : che si sono abattute al
numero di tre mila e piu case, uccisi piu di quattro mila huomini, e mes-
seli a fondo sei Vascelli, una Galera e da quattro Barche e Bregantini,
oltr'il gran danno che s'è fatto alla Batteria del molo, et al Fanale, che si
crede che per un pezzo non potranno rimettersi, e se non fosse stata tanto
avanzata la stagione, non havendo piu potuto in questo tempo tenere il
mare, a causa delli gran venti grecali che dominano quella rata, al certo si
sarebbero esterminati affatto. Il danno e la perdita dalla nostra parte non
è stata così considerabile, come ragionevolmente haverebbe dovuto essere,
non essendosi mai mancato di mettere in esecutione alcuna cosa ch'havesse
potuto nocere l'Inimico, non si riguardando che il fine di distruggere e
dannegiare la Città; e della gloria humana.

DEFINIZIONE DELLE DUE BOMBE.

Le due grosse bombe tanto nominate e curiose per la loro grandezza,
erano d'altessa otto palmi e dieci pulsi l'una per di fuora, e per di dentro
otto palmi giuste; e di larghezza, cioè di diametro, quattro palmi giusti che

---

Si nous en croyons les relations faites par les esclaves fugitifs, la ville
n'est plus reconnaissable : plus de trois mille maisons ont été abattues,
plus de quatre mille hommes tués; un vaisseau, une galère, quatre barques
et brigantins ont été coulés, les batteries du môle et du Fanal se trouvent
si endommagées qu'il faudra longtemps, pense-t-on, pour les remettre en
état. Si la saison n'avait pas été aussi avancée et n'avait empêché de tenir
plus longtemps la mer, à cause des grands vents Nord-Est qui dominent
dans cette rade, les ennemis auraient été certainement exterminés.

Les dommages et les pertes subis par nous n'ont pas été aussi considérables qu'ils auraient dû l'être logiquement. Nous ne reculâmes, en effet,
devant l'exécution d'aucun projet capable de nuire à l'ennemi, nous ne
regardâmes que le but à atteindre : détruire et ruiner la ville, tout en nous
couvrant de gloire humaine.

DESCRIPTION DES DEUX BOMBES.

Les deux grosses bombes si renommées et si curieuses[1] à cause de
leurs vastes proportions mesuraient chacune : de hauteur, 8 palmes et
10 pouces à l'extérieur, et 8 palmes juste à l'intérieur; de largeur ou de

---

[1] Sur l'emploi qu'on comptait faire de ces «mines de cuivre», voir la lettre
de Tourville à Colbert. A la rade d'Alger, le 29 août 1683 (DELARBRE, p. 299).

venivano ad essere di grossezza cinque palsi giuste. Erano d'un metallo assai agro e vetriolo, che contenevano di dentro ciascheduna ottanta quattro centinara di libbre di polvere e pesavano 15 mila centinara di metallo l'una. Ciascheduna di queste era consegnata dentro un grosso Brullotto, nella maniera seguente, cioè : Erano sostenute ciascheduna da quaranta cannoni di ferro di diciotto, e venti quattro libbre di palla l'uno, caricati infino alla bocca, acciò dovessero crepare insieme con quarant' altri della medesima grandezza a forza caricati, per dover darsi fuoco nel medesimo tempo con le sud(det)e Bombe e Brullotti. Il progetto era di mettere uno di questi Brullotti dentro la Catena del Porto e l'altro dirimpetto al Fanale. E quando l'ordine de S(u)a M(aes)tá venne di metterle senza alcuno intervallo, si trovorono partite le Galere che dovevano rimburchiare nel luogo destinato ai sud(det)li Brullotti; e con molto disgusto di tutta l'armata, furono riccondotte queste machine a Tolone, senza haverne potuto vedere l'esecuzione tanto curiosa e desiderata, che senza dubbio haverebbe sorpassato l'imaginatione.

---

diamètre, 4 palmes et 10 pouces à l'extérieur, et 4 palmes juste à l'intérieur, ce qui donnait au métal une épaisseur de 5 pouces juste.

Elles étaient d'un métal très rugueux, et ressemblant au verre. contenaient chacune à l'intérieur 84 quintaux de livres, et elles pesaient à vide chacune 15,000 quintaux.

Chaque bombe était déposée dans un gros brûlot de là manière que voici : elles étaient soutenues l'une et l'autre par quarante canons de fer, de dix-huit et de vingt-quatre livres de balles chacun, chargés jusqu'à la gueule, pour éclater en même temps que quarante autres, de la même grandeur et de la même force, chargés de même pour être allumés en même temps que les bombes et les brûlots.

Quand l'ordre de Sa Majesté vint de les placer sans retard, les galères nécessaires pour les remorquer à l'endroit voulu étaient parties. Aussi est-ce au vif regret de l'armée entière que ces engins furent reconduits à Toulon sans avoir pu même être expérimentés. Leur emploi, qui excitait la curiosité et les désirs de tous, aurait sans doute produit des ravages surpassant tout ce que forgeait l'imagination.